utb 5554

Eine Arbeitsgemeinschaft der Verlage

Brill | Schöningh – Fink · Paderborn
Brill | Vandenhoeck & Ruprecht · Göttingen – Böhlau Verlag · Wien · Köln
Verlag Barbara Budrich · Opladen · Toronto
facultas · Wien
Haupt Verlag · Bern
Verlag Julius Klinkhardt · Bad Heilbrunn
Mohr Siebeck · Tübingen
Narr Francke Attempto Verlag – expert verlag · Tübingen
Psychiatrie Verlag · Köln
Ernst Reinhardt Verlag · München
transcript Verlag · Bielefeld
Verlag Eugen Ulmer · Stuttgart
UVK Verlag · München
Waxmann · Münster · New York
wbv Publikation · Bielefeld
Wochenschau Verlag · Frankfurt am Main

#fragdocheinfach

Weitere Bände sind bereits in dieser Reihe erschienen:
Armut? Frag doch einfach! ISBN 978-3-8252-5554-1
Demokratie? Frag doch einfach! ISBN 978-3-8252-5446-9
Ein Start-up gründen? Frag doch einfach! ISBN 978-3-8252-5436-0
Homeoffice und mobiles Arbeiten? Frag doch einfach! ISBN 978-3-8252-5664-7
Mobilität im 21. Jahrhundert? Frag doch einfach! ISBN 978-3-8252-5662-3
Nachhaltigkeit für Deutschland? Frag doch einfach! ISBN 978-3-8252-5435-3
Scrum? Frag doch einfach! ISBN 978-3-8252-5522-0
Virtuelle Teams führen? Frag doch einfach! ISBN 978-3-8252-5780-4

Prof. Dr. Andreas Koch lehrt und forscht an der Universität Salzburg am Fachbereich Soziologie und Sozialgeographie sowie am Zentrum für Ethik und Armutsforschung.

Andreas Koch

Armut? Frag doch einfach!

Klare Antworten aus erster Hand

UVK Verlag · München

Umschlagabbildung: © bgblue, iStock
Abbildungen im Innenteil (Figur, Lupe, Glühbirne): © Die Illustrationsagentur
Autorenfoto: © privat
Abbildung Infografik (S. 14/15): © gpetric, iStock

Bibliografische Information der Deutschen Nationalbibliothek
Die Deutsche Nationalbibliothek verzeichnet diese Publikation in der Deutschen Nationalbibliografie; detaillierte bibliografische Daten sind im Internet über http://dnb.dnb.de abrufbar.

– ein Unternehmen der Narr Francke Attempto Verlag GmbH + Co. KG
Dischingerweg 5 · D-72070 Tübingen

Internet: www.narr.de
eMail: info@narr.de

Einbandgestaltung: Atelier Reichert, Stuttgart
CPI books GmbH, Leck

utb-Nr. 5554
ISBN 978-3-8252-5554-1 (Print)
ISBN 978-3-8385-5554-6 (ePDF)
ISBN 978-3-8463-5554-1 (ePub)

MIX
Papier aus verantwortungsvollen Quellen
FSC® C083411

Alle Fragen im Überblick

Vorwort

2010 wurde das „Europäische Jahr gegen Armut und soziale Ausgrenzung" begangen. 2015 wurde von den Vereinten Nationen die „Agenda 2030 für nachhaltige Entwicklung" verabschiedet. Von den 17 Nachhaltigkeitszielen ist das erste der Armutsbekämpfung und das zehnte der Reduzierung sozialer Ungleichheit gewidmet. Auch wenn bis dahin weitere Fortschritte in der Prävention und Bewältigung von Armut erzielt sein werden, bleibt die Beschäftigung mit Armut, ihren Ursachen und Folgen sowie vielfältigen Erscheinungsformen eine wichtige politische und gesellschaftliche Aufgabe. Sowohl die schlagartige Corona-Krise als auch die schleichende Klima-Krise führen uns diese Herausforderung dramatisch vor Augen. Eine Welt ohne Armut wird eine Utopie bleiben.

Der Band *Armut? Frag doch einfach!* ist Teil einer Reihe zu aktuellen Themen von gesellschaftlicher Relevanz. Er wirft Fragen auf und beantwortet sie knapp und übersichtlich. In der Behandlung der Fragen setzt der Band Schwerpunkte in den Themenfeldern Geschichte, Gesellschaft, Geographie und Politik, und beschränkt sich geographisch auf Europa, Deutschland und Österreich. Zu Beginn werden Konzepte zur Messung von Armut und damit einhergehend zum tieferen Verständnis der persönlichen wie sozialen Armutsbedingungen vorgestellt. Am Ende finden sich Überlegungen zur Armutsbewältigung in drei ausgewählten Bereichen. Auch zwei Frauen, die Armut persönlich erlebt haben, kommen zu Wort.

Herrn Rainer Berger und seinem Team beim UVK Verlag möchte ich für die Betreuung während der Erstellung des Bandes besonders danken. Meiner Frau Antje danke ich sehr herzlich für die Geduld, die sie in den letzten Monaten für dieses Buchprojekt aufgebracht hat.

Salzburg, im April 2021
Prof. Dr. Andreas Koch

Was die verwendeten Symbole bedeuten

Toni verrät dir spannende Literaturtipps, YouTube-Seiten und Blogs im World Wide Web.

Die Glühbirne zeigt eine Schlüsselfrage an. Das ist eine der Fragen zum Thema, deren Antwort du unbedingt lesen solltest.

Die Lupe weist dich auf eine Expert:innenfrage hin. Hier geht die Antwort ziemlich in die Tiefe. Sie richtet sich an alle, die es ganz genau wissen wollen.

→ Wichtige Begriffe sind mit einem Pfeil gekennzeichnet und werden im Glossar erklärt.

»Soziologisch angesehen ist nicht die Armut zuerst gegeben und daraufhin erfolgt Unterstützung […], sondern derjenige, der Unterstützung genießt bzw. sie nach seiner soziologischen Konstellation genießen sollte […], dieser heißt der Arme«[1]

Georg Simmel

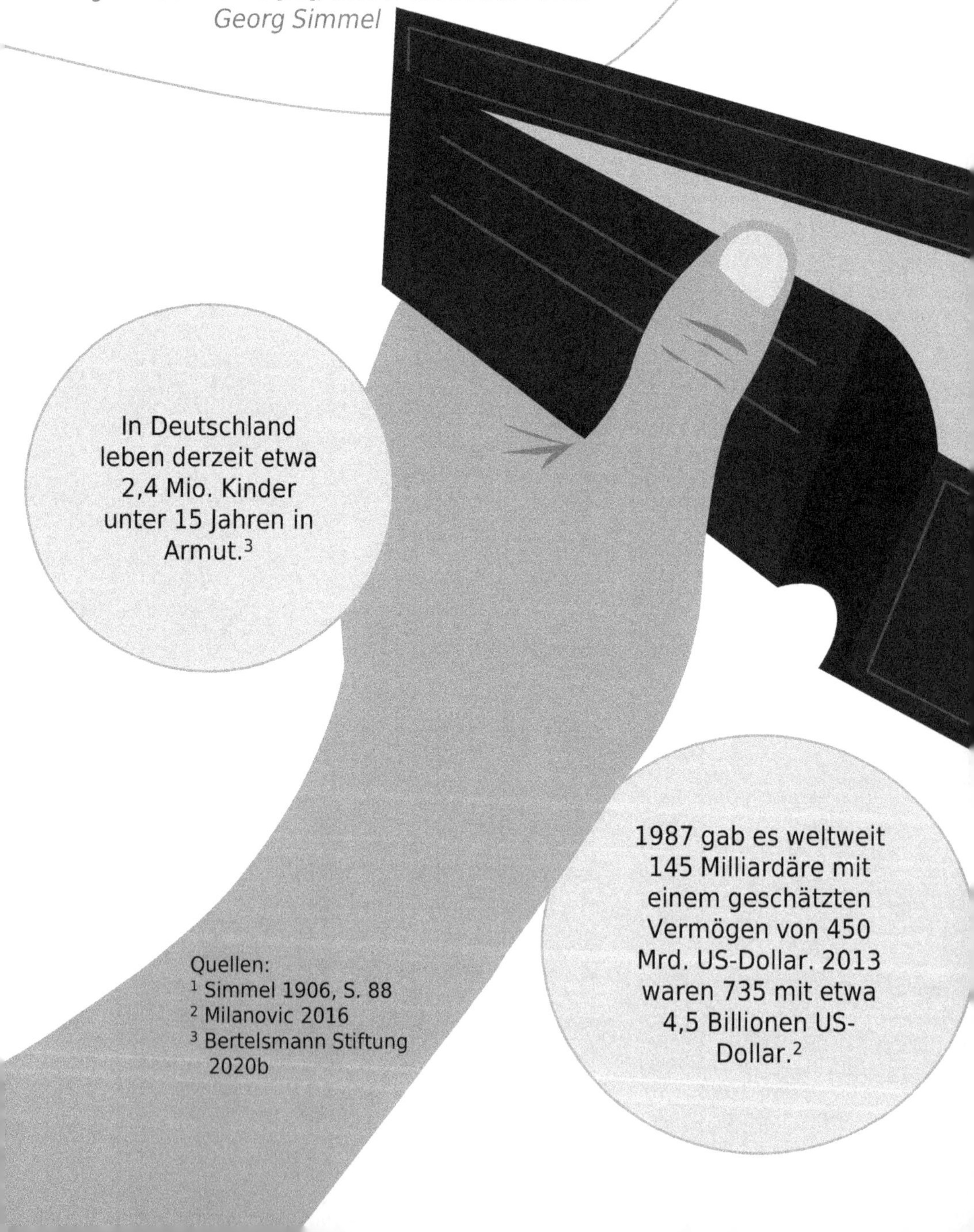

In Deutschland leben derzeit etwa 2,4 Mio. Kinder unter 15 Jahren in Armut.[3]

1987 gab es weltweit 145 Milliardäre mit einem geschätzten Vermögen von 450 Mrd. US-Dollar. 2013 waren 735 mit etwa 4,5 Billionen US-Dollar.[2]

Quellen:
[1] Simmel 1906, S. 88
[2] Milanovic 2016
[3] Bertelsmann Stiftung 2020b

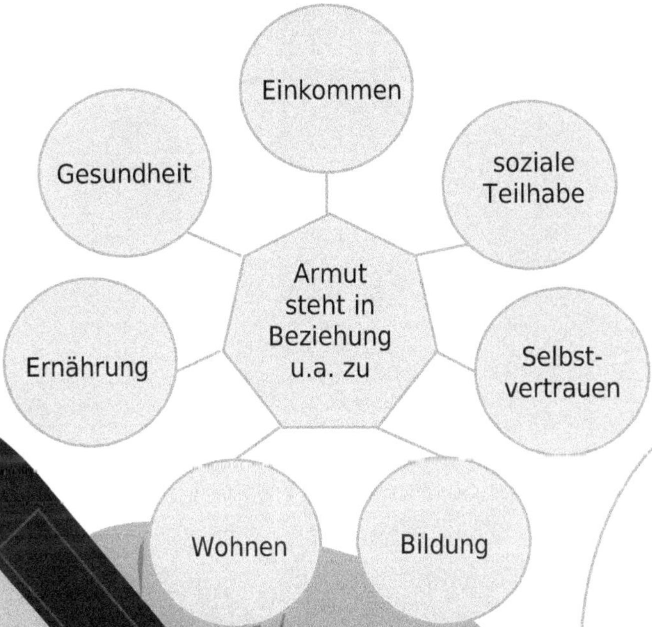

»Dem Kapitalismus wohnt ein Laster inne: Die ungleichmäßige Verteilung der Güter. Dem Sozialismus hingegen wohnt eine Tugend inne: Die gleichmäßige Verteilung des Elends.«
Winston Churchill

Armut existiert seit jeher – das Phänomen war bereits in der Antike und im frühen Christentum bekannt und ging meist mit sozialer Ausgrenzung einher.

Aktuelles Beispiel zu Armut

In der Krise werden wir mit Unterscheidungen konfrontiert, die Entscheidungen verlangen. Das SARS-CoV-2-Virus provoziert völlig neue Fragen zum Umgang miteinander und mit der Natur, und welche Antworten gegeben werden, hängt von den Unterscheidungen ab, die wir entdecken, zulassen und für relevant erachten. Kritik als Fähigkeit, Unterscheidungen vorzunehmen und darauf Urteile zu begründen (Liessmann 2012, 8), lebt von der pro- und interaktiven Auseinandersetzung mit den gesellschaftlichen Krisenphänomenen.

Armut und soziale Ungleichheit sind keine Krisenerscheinungen, sie sind strukturell in gesellschaftliche Verhältnisse eingeschrieben. Mit jeder Krise werden sie jedoch virulent, sichtbar und moralisch angeklagt, ehe sie mit der Krisenbewältigung wieder unsichtbar gemacht werden.

Die Agenda 2030 der Vereinten Nationen mit ihren Nachhaltigen Entwicklungszielen sind ein Versuch, Krise und Kritik zusammenzudenken und strukturell zu bewältigen. Dass dies gelingen wird, ist unwahrscheinlich, aber nicht unmöglich. Es wird wesentlich davon abhängen, ob aus der Krisenerfahrung ein nachhaltiger Wille zum Umdenken so viel Geduld und Beharrlichkeit mit sich bringt, damit eine sozial-ökologische Transformation gelingen kann. Eine Voraussetzung hierzu sind starke lokale Verankerungen, die globale Bezüge verantwortungsvoll mitbedenken.

Zu solchen globalen Bezügen gehören aktuell die vorgeschlagenen *neuen Grundrechte*, die der Schriftsteller Ferdinand von Schirach, stellvertretend für viele Staats- und Europajuristen und letztlich die Bürger:innen, veröffentlicht hat (von Schirach 2021, *Jeder Mensch*). Zu den aus Armuts- und Ungleichheitssicht besonders relevanten Grundrechten gehören:

- Jeder Mensch hat das Recht, in einer gesunden und geschützten Umwelt zu leben (Artikel 1)

- Jeder Mensch hat das Recht, dass ihm nur solche Waren und Dienstleistungen angeboten werden, die unter Wahrung der universellen Menschenrechte hergestellt und erbracht wurden (Artikel 5)

Armut: Wissenschaftlicher Konsens und Kontroverse

Das Kapitel verrät Ihnen, wie sich Armut definieren lässt, welche Ansätze der Armutsbestimmung es gibt und wie Wissenschaftler:innen – gestern und heute – Armut messen.

Wie ist ein angemessenes Verständnis von Armut zu entwickeln?

Die politische, soziale und wissenschaftliche Beschäftigung mit Armut ist mit vielfältigen Widersprüchen konfrontiert. Armut ist sozial konstruiert, die Armut der Betroffenen ist aber ganz real. Armut ist als Maß relativ und ist es doch nicht, denn wen Armut betrifft, für den ist sie absolut und existenziell. Armut gilt als überwindbar und gleichzeitig wird sie instrumentalisiert. Sie ist ein Übel und doch wird ihr eine gesellschaftlich wichtige Funktion attestiert. Armsein wird zum Gegensatz von Reichsein und ist doch viel mehr und Unterschiedliches als ein Mangel an Geld. Armut wird als Gefahr des gesellschaftlichen Zusammenhalts kritisiert und doch politisch nicht überwunden. Armut lässt sich exakt messen und ist häufig doch nur qualitativ erfassbar.

Ungeachtet oder gerade wegen dieser Widersprüche ist Armut „ganz offensichtlich eine die verschiedensten gesellschaftlichen Formationen überdauernde – quasi *zeitlose* – Tatsache. Armut gehört zur Menschheitsgeschichte als Teil der Gestaltung von Lebensbedingungen, nicht aber zum Menschen im Sinne einer anthropologischen Konstante bzw. Gesetzmäßigkeit“ (Huster et al. 2018, 3). Insofern ist es nachvollziehbar, ein möglichst umfassendes und zugleich differenziertes Verständnis von Armut zu entwickeln, um darauf aufbauend gesellschaftliche und politische Anstrengungen ihrer Linderung – oder letztlich doch ihrer Überwindung – zu unternehmen. Bei allen Versuchen der Definition und Vermessung von Armut darf nicht vergessen werden, dass es sich um Kategorisierungen von Menschen und ihren Lebensbedingungen handelt, die zumeist von nicht armutsbetroffenen Personen vorgenommen werden. Es ist daher wichtig zu betonen, dass Aussagen wie *arme* oder *unter prekären Bedingungen lebende* Menschen der Beschreibung eines Zustands, einer Situation oder Phase dienen, aber nicht einer diskriminierenden Zuschreibung auf Menschen. Weder definiert Armut Menschen noch reduziert sie Menschen auf diese Situation. Auch sind von Armut betroffene Menschen nicht sozial schwach!

Jeglicher Form von Armut, ihren Ursachen, Ausprägungsformen, Maßnahmen zur Prävention und Bekämpfung sowie gesellschaftlichen Diskursen ist als zentraler Beurteilungsmaßstab die Würde des Menschen zugrunde zu legen. Aus ihr folgt für eine selbstbestimmte, nichtdiskriminierende und nichtstigmatisierende Lebensführung eine materielle Absicherung (das Haben) und ein subjektiv-sozialer Handlungsspielraum (das Sein). Armut und soziale Exklusion „ist daher ein Mechanismus hin zum sozialen Tod [...] des Menschen, der keine Rolle mehr spielt, der nicht mehr gefragt ist, abgeschrieben ist" (Schulz-Nieswandt 2016, 29). Der Blick auf Armut, auch der wissenschaftliche, sollte daher von wertender Zurückhaltung *und* Empathie für die Betroffenen geleitet sein.

Videotipps | Wie ist ein angemessenes Verständnis von Armut zu entwickeln?
https://www.youtube.com/watch?v=y5-brkX0Cq0
https://www.youtube.com/watch?v=vv5mCqahJik

Was ist absolute und was relative Armut?

Absolute oder extreme Armut bezieht sich auf eine Lebenssituation, in der das physische Existenzminimum nicht auf Dauer gesichert ist, weil es an der grundlegenden Versorgung mit materiell notwendigen Gütern wie Nahrung, Wasser, Wohnung, Kleidung, Gesundheitsversorgung mangelt. Ursache ist nicht allein das unzureichende Einkommen, sondern auch der fehlende Zugang zu Dienstleistungen, die eine Überwindung von Armut ermöglichen würden. Einen größeren normativen Abstand setzt die Weltbank mit ihrer Bezugnahme auf *deprived in well-being* und *survival with dignity*. Als Vergleichsmaß gilt seit 2015 die Armutsgrenze von 1,90 US-Dollar pro Tag und Person (in Kaufkraftparitäten), die für den Konsum der genannten lebensnotwendigen Güter mindestens aufzuwenden sind. Um den Einkommensunterschieden innerhalb der Gruppe der ärmeren Länder Rechnung zu tragen, wurden für die *Lower-middle-income*-Länder 3,20 US-Dollar und für die *Upper-middle-income*-Länder 5,50 US-Dollar als absolute Armutsgrenzen festgelegt (World Bank Group 2020).

Absolut ist Armut somit lediglich in der Fixierung auf einen zeitweilig gültigen quantitativen Indexwert, der näherungsweise physisches Überleben der Menschen in den ärmsten Ländern abbilden soll. Mit dem *Multidimensional Poverty Index* der Oxford Poverty & Human Development Initiative (OPHI) haben Alkire und Foster eine Erweiterung des Einkommensindikators um die Kriterien ‚Gesundheit', ‚Bildung' und ‚Lebensstandard' vorgenommen, auf die sich auch der *Human Development Index* bezieht (OPHI 2021). Dem Vorteil der Abbildung multipler Armutsgründe steht der Nachteil unberücksichtigter Verteilungs- und Umverteilungseffekte gegenüber (Rippin 2015, 295 ff.).

Demgegenüber ist relative Armut ein Ansatz, der Notlagen und Bedürftigkeit innerhalb einer (zumeist nationalen) Gesellschaft vergleichbar macht, indem er über die Definition von Schwellen-, Differenz- und Verteilungswerten Aussagen zu unterschiedlichen Graden und Intensitäten von Armut sowie sozialen Ungleichheiten trifft. Als Referenz dienen hier durchschnittliche Kenngrößen des Einkommens oder der Verfügbarkeit bzw. Leistbarkeit von Gütern und Dienstleistungen, die in der betreffenden Gesellschaft für ein würdiges Leben anerkannt sind. Da Armut aber nicht mit sozialer Ungleichheit identisch ist, wäre eine ausschließlich relative Armutsbestimmung für eine statistische Einschätzung von Armutslagen unzureichend. Anders gesagt: es ist möglich, soziale Ungleichheit zu reduzieren, ohne dabei Armut zu reduzieren (Schwinn 2007; Hradil 2001).

Weil Armut in sozialer, räumlicher, zeitlicher und sachlicher Hinsicht variabel und zudem eine naturgegebene Referenzgröße sowie Skalierung nicht vorhanden ist, lässt sie sich – mit Ausnahme lebensgefährdender Notlagen – nicht direkt messen. Armutsmessung ist daher der Versuch, über quantitative und qualitative Daten und daraus abgeleitete Parameter den gesellschaftlichen Handlungsspielraum zur Prävention und Linderung von Armutslagen zu ermessen. Eingeschränkte Messbarkeit zieht eine nur bedingte Vergleichbarkeit der Armutsindizes nach sich, insbesondere dann, wenn sie als aggregierte Durchschnittswerte vorliegen. So können aus einer Armutsgefährdungsschwelle von 1.074 € in Deutschland und 1.286 € in Österreich (jeweils für 2019) keine Aussagen zu tatsächlichen Armutslagen in beiden Ländern noch ein Vergleich zwischen ihnen getroffen werden. Hinzu kommen exogene Faktoren wie Umweltrisiken (Dürre, Überschwemmungen), wirtschaftliche Variablen (Inflation, Lebensmittel- und Wohnungspreise) und gesellschaftspolitische Entscheidungen (kulturelle Teilhabe, Zugang zu Bildungs- und Gesundheitseinrichtungen, Land Grabbing), die keine exakte Vermessung von Armut erlauben.

Worauf bezieht sich der Ressourcenansatz?

Der Ressourcenansatz leitet Armut und Armutsgefährdung aus einem Mangel an Gütern (wie Lebensmittel, Wohnung und Kleidung) und Dienstleistungen (wie medizinische Versorgung und Schulbesuch) ab, die für die Aufrechterhaltung eines gesellschaftlich akzeptablen Lebensstandards und die Gewährleistung gesellschaftlicher Teilhabe als notwendig erachtet werden. Hierfür werden nicht direkt die Kosten der Ressourcen zugrunde gelegt, sondern in der Regel eine relative Einkommenshöhe, die sich an der durchschnittlichen Einkommensverteilung eines Landes orientiert. Es wird somit angenommen, mit einem derart bestimmten abgeleiteten Mindesteinkommen Armut überwinden zu können.

Der Ressourcenansatz definiert nicht, welche Ressourcen in welcher Menge und Qualität für einen hinreichenden Lebensstandard verfügbar sein sollen. Zudem blendet er die Komplexität und die Zusammenhänge von Lebenslagen, Lebensphasen und Benachteiligungsstrukturen, die Armut verursachen und verfestigen (können), prinzipiell aus (Dietz 2010a). Auch regionale Unterschiede der Verfügbarkeit bleiben unberücksichtigt. Der als „notwendig erachtete Lebensstandard“ (Dittmann und Goebel 2018, 24) wird als homogene Größe für die Gesamtgesellschaft unterstellt, die Grundlage für sozialpolitische Programme (wie Hartz IV in Deutschland oder Bedarfsorientierte Mindestsicherung in Österreich) ist. Für seinen Einsatz spricht die einfache und relativ exakte Operationalisierung über das Einkommen, das neben monetären Rückschlüssen auch solche zur ökonomischen Ungleichheit zulässt.

Was nimmt der Deprivationsansatz in den Blick?

Während der Ressourcenansatz latente oder manifeste materielle Armut über eine als kritisch bewertete Einkommensuntergrenze festlegt, erfolgt dies beim Deprivationsansatz direkt über eine Bewertung der materiellen Entbehrung (Deprivation) durch (repräsentative) Befragungen von Haushalten in Europa (über EU-SILC). Grundgedanke des auf Peter Townsend zurückgehenden Ansatzes ist, „dass es in einer Gesellschaft – trotz der Pluralität von Lebensstilen und der unterschiedlichen Bedürfnisse von Haushalten unterschiedlicher Größe und Struktur – so etwas wie einen messbaren allgemeinen Lebensstil oder allgemeinen Lebensstandard gibt“ (bpb 2018, o.S.).

Die Bewertung eines verallgemeinerten Lebensstandards erfolgt für die kontinuierliche europäische Sozialberichterstattung der EU anhand von bestimmten Ausgabenbereichen, deren Leistbarkeit aufgrund „unfreiwilliger Unfähigkeit“ (gegenüber Wahlfreiheit) gefährdet oder unmöglich ist. Hierzu gehören: „unerwartete Ausgaben, einen einwöchigen Jahresurlaub an einem anderen Ort, jeden zweiten Tag eine Fleisch-, Geflügel- oder Fischmahlzeit, angemessene Beheizung der Wohnung, langlebige Gebrauchsgüter wie Waschmaschine, Farbfernseher, Telefon oder Auto, Schulden (Hypotheken- oder Mietschulden, Rechnungen für Versorgungsleistungen (Strom, Wasser, Gas), Mietkaufraten oder sonstige Kreditzahlungen" (Dittmann und Goebel 2018, 33). Aus diesen Bereichen werden neun konkrete Ausgaben gewählt und eine Quote der *materiellen Deprivation* (wenn mindestens drei davon nicht bestritten werden können) bzw. eine Quote der *erheblichen materiellen Deprivation* (wenn mindestens vier davon nicht bestritten werden können) gebildet.

Neben dieser für die Mitgliedsstaaten standardisierten Deprivationsmessung gibt es länderspezifische Variationen. So wurde beispielsweise in Österreich zwischen primären und sekundären Benachteiligungen der Lebensführung unterschieden und weitere Benachteiligungsparameter aus den Bereichen „Wohn- und Wohnumfeldprobleme" und „Gesundheitliche Beeinträchtigungen" herangezogen (Lamei und Till-Tentschert 2005). Auf diese Weise konnte eine differenzierende Gewichtung zwischen grundlegenden und erstrebenswerten Gütern und eine Erweiterung der rein konsumbezogenen materiellen Güter erreicht werden.

Die Schwächen des Deprivationsansatzes betreffen „die Auswahl und Begründung der Merkmale, die Bewertung von Merkmalskonstellationen, die Bemessung eines Lebensstandards und die Festlegung, was mit Blick auf einen allgemein akzeptierten gängigen Lebensstandard als ‚arm' gilt" (Dittmann und Goebel 2018, 25). Gerade mit Blick auf die Güterauswahl zeigt sich eine Orientierung an der Mittelschicht, die armen Menschen als erstrebenswerte Zielperspektive auferlegt wird.

Was kennzeichnet den Lebenslagenansatz?

Einen die Perspektive der materiellen Entbehrung erweiternden Ansatz bietet das Konzept der Lebenslage. Der Begriff der Lebenslage wird je nach Anwendungskontext zwar unterschiedlich definiert, findet in der Bezugnahme auf Handlungsspielräume unter konkreten sozialen Umweltbedingungen jedoch einen gemeinsamen Anknüpfungspunkt. Theoretische Ursprünge sind bei Friedrich Engels und Max Weber zu finden, in seiner heutigen Verwendung auf Lebenslagen gilt Otto Neurath mit seinen Studien Anfang des 20. Jahrhunderts als Pionier (Dittmann und Goebel 2018, 25 f.).

Für die Armutsforschung relevante Ausarbeitungen liegen von Gerhard Weisser (1957) und Ingeborg Nahnsen (1975) vor. Während Weissers Beitrag in der Ausarbeitung eines lebenslagenbezogen *sozialen Existenzminimums* liegt, das sich wesentlich aber auch auf eine Gütermenge zur Bestimmung von Armutslagen bezieht, die nach jeweiligen gesellschaftlichen Standards als legitim erachtet werden, schlägt Nahnsen (1975 in: Dittmann und Goebel 2018, 26) direkt fünf Dimensionen von Handlungsspielräumen vor. Sie rahmen den Grad an Autonomie und Freiheit, der einer Person bzw. einem Haushalt zur Verfügung steht:

- Versorgungs- und Einkommensspielraum
- Kontakt- und Kooperationsspielraum
- Lern- und Erfahrungsspielraum
- Regenerations- und Mußespielraum
- Dispositionsspielraum der gesellschaftlichen Mitgestaltung

Sofern diese Spielräume eingeschränkt oder überhaupt nicht gegeben sind, führen sie zu Armuts(gefährdungs)lagen. In auf Leistung und Wettbewerb gründenden Marktwirtschaften besteht hinsichtlich dieser Spielräume eine Asymmetrie zugunsten des Versorgungs- und Einkommensspielraums, da dieser die zentrale Voraussetzung zur Realisierung der übrigen Spielräume ist.

Im Feld der Sozialen Arbeit wird ein um die Bereiche ‚Biographie', ‚Sozialraum' und ‚Lebensperspektive' konzeptionell erweiterter Lebenslagenansatz verwendet. Auf diese Weise wird der zeitliche und persönliche Aspekt in die Beurteilung miteinbezogen (Leßmann 2009). Insgesamt wird deutlich, dass mit dem Lebenslagenansatz eine Erweiterung auf immaterielle Handlungsbezüge vorgenommen wird, die auch für die Armutsforschung eine zentrale Rolle spielen. Eine Herausforderung besteht in der Operationalisierung der Handlungsspielräume, um empirisch inner- wie zwischengesellschaftliche Vergleiche herstellen zu können.

Worum geht es beim Fähigkeitenansatz?

Der Fähigkeitenansatz (*capability approach*) nach Amartya Sen (2009) kehrt das Mittel-Zweck-Schema bisher diskutierter Armutsansätze um: Ressourcen wie Einkommen, Vermögen oder (öffentliche) Grundgüter werden als

Mittel zum Zweck eines guten Lebens gesehen – und nicht als Selbstzweck. „Wealth is not something we value for its own sake" (Sen 2009, 253). Die zentrale Voraussetzung, um ein gutes Leben führen zu können, besteht dabei in den Chancen zur Verwirklichung eigener Fähigkeiten. Auch hier geht es um einen „[...] fundamental shift from the *means* of living to the *actual opportunities* a person has" (ebd., 253). Armut ist demzufolge ein Mangel an Verwirklichungschancen (*capability deprivation*) und in dieser Hinsicht absolut.

Dreh- und Angelpunkt der gleichermaßen sozialen wie politisch-philosophischen Begründung auf Fähigkeiten ist zum einen die Kritik eines instrumentellen Freiheitsbegriffs, der die Wahl von Handlungsoptionen lediglich an vorgegebenen Verhältnissen ausrichtet (den *achieved functionings*). Zum anderen kritisiert Sen die in anderen Ansätzen unterstellte Homogenität der Mitglieder einer Gesellschaft. Tatsächlich aber unterscheiden sich Menschen untereinander, sie leben in unterschiedlichen und vielfältigen natürlichen Umwelten wie sozialen Gruppen. Eine vereinheitlichende Beziehung zwischen z. B. Einkommen und Armut ist insofern unmöglich, weswegen auch ein relatives Armutsmaß von Sen entwickelt wurde. Gleichermaßen gilt dies auch für die Fähigkeiten selbst, sie lassen sich nicht gegenseitig kompensieren oder auf einen Indexwert reduzieren. Aus diesem Grund bietet der Fähigkeitenansatz auch keine Handreichung für sozialpolitische Entscheidungen. Sein Ziel ist es, soziale Disparitäten über eine variable Realisierung von Handlungsmöglichkeiten zu erfassen und sie darüber zu überwinden. „Sen betont in diesem Zusammenhang immer wieder die Abhängigkeit der Auswahl der Fähigkeiten und Funktionsweisen und deren Gewichtung von der jeweiligen Gesellschaft und Kultur [...]" (Kruse-Ebeling in: Sen 2019, 65).

Eine Liste an Grundfähigkeiten, die für ein gutes Leben essenziell sind und insofern eine Referenz zur Überwindung von Armut darstellen, hat Nussbaum vorgestellt. Hierzu gehören u.a. körperliche Gesundheit und Unversehrtheit, Bildung, Verbundenheit mit anderen Menschen und der Natur sowie politische Partizipation (Schmidhuber 2010, 106f.).

Sen entwickelt seinen Fähigkeitenansatz unter dem Gesichtspunkt einer Ethik der Gleichheit in Kritik zum Utilitarismus, Welfarismus und John Rawls' Voraussetzungen seiner Theorie der Gerechtigkeit. Dem Utilitarismus, der das Prinzip „das größtmögliche Glück für die größtmögliche Zahl" vertritt, ist die „Gleichgültigkeit gegenüber Ungleichheiten in der Nutzenverteilung" (Sen 2019, 27) vorzuwerfen. Demgegenüber vernachlässigt der

Welfarismus in seiner ausschließlichen Ausrichtung auf die Situation der am schlechtesten gestellten Person(en) das Verhältnis von Nutzengewinn und Nutzenverlust. An Rawls Gerechtigkeitstheorie kritisiert Sen die Umsetzung des Differenzprinzips, das Ungleichheit dann für legitim hält, wenn der Förderung der am schlechtesten gestellten Person(en) Vorrang eingeräumt wird – an gesellschaftlichen Grundgütern. Eine Einigung auf Grundgüter ignoriere die vielfältigen Unterschiede in einer Gesellschaft, die für eine ethisch effektive Armutsbekämpfung jedenfalls zu berücksichtigen sei.

Mit der Lissabon-Agenda der EU von 2000 (Benz 2018, 759 ff.) wurde der *capability approach* (CA) für eine umfassendere sozialpolitische Behandlung von Armut und sozialer Inklusion programmatisch implementiert, der seither, wenngleich in unterschiedlichem Maße, auch in die nationalen Aktionspläne zur Bekämpfung von Armut und sozialer Exklusion Eingang gefunden hat. Die deutsche Bundesregierung beruft sich zudem seit ihrem zweiten Armuts- und Reichtumsbericht (2005) auf den Fähigkeitenansatz. Im globalen Maßstab werden die Grundüberlegungen des CA für den *Human Development Index* (HDI) genutzt, der über das Pro-Kopf-Bruttonationaleinkommen hinaus die Lebenserwartung und die Dauer des Schulbesuchs als Kriterien heranzieht. Kritik erfährt der HDI, weil nationale Durchschnittswerte verwendet, die Gewichtung der Indikatoren unterschiedlich beurteilt und ökologische Faktoren nicht berücksichtigt werden. Dies spricht aber nicht gegen den CA, sondern für eine Weiterentwicklung des HDI, der bislang auch nicht den Anspruch erhebt, Aussagen zu Armut, Ungleichheit oder Sicherheit zu treffen (UNDP 2020).

Allgemein sind den Spielräumen zur Ausgestaltung von Fähigkeiten durch die gesellschaftlichen Wertmaßstäbe konkrete Grenzen gesetzt. In privatkapitalistisch organisierten Gesellschaften orientieren sich Wertmaßstäbe am Individuum und seinen Verwertungslogiken auf Märkten, vor allem dem Arbeits- und Bildungsmarkt. Kritik wird dann geäußert, wenn statt Befähigung Eigenverantwortung und Leistung gefördert und gefordert werden (Cremer 2016, 210 ff.). Denn es wird übersehen, dass Leistung und Eigenverantwortung von Ungleichheit reduzierenden staatlichen Institutionen und Infrastrukturen und nicht von biographischen Zufälligkeiten abhängen sollten. In staatskapitalistischen Gesellschaften sind Fähigkeiten an kollektiven Verwertungsvorgaben ausgerichtet. Statt Befähigung wird eine vermeintliche solidarische Verantwortung gefördert und gefordert. Problematisch sind in diesem Fall die fehlenden dezentralen demokratischen Aushandlungsprozesse für (temporäre) kollektive Entscheidungen.

Videotipps | Worum geht es beim Fähigkeitenansatz?
https://www.youtube.com/watch?v=vteA20iCFfw
https://www.youtube.com/watch?v=KeiZzUkLil0

Wofür stehen EU-SILC und der *Better-Life-Index*?

EU-SILC steht für *European Union Statistics on Income and Living Conditions.* 2003 wurde das Programm zur Erhebung von Mikrodaten (auf Individual- und Haushaltsebene) mit sechs Mitgliedsländern (Belgien, Dänemark, Griechenland, Irland, Luxemburg und Österreich) ins Leben gerufen, seit 2004 ist durch eine EU-Verordnung die Teilnahme aller Mitgliedsländer verpflichtend (zudem nehmen Island, Kosovo, Mazedonien, Montenegro, Norwegen, die Schweiz und Serbien daran teil). Erhoben werden zahlreiche Daten zu Haushaltsstrukturen, Einkommen, Armut, sozialer Exklusion, Wohn(ungs)bedingungen, Gesundheit, Arbeit und Bildung.

Die Daten werden für Querschnitts- und Längsschnittsanalysen verwendet. Um dies zu ermöglichen, gibt es unterschiedliche Verfahren der Stichprobenziehung:

- Unabhängige Stichproben, die jährlich neu gezogen werden
- Panel-Stichproben, die über mehrere Jahre unverändert bleiben
- Stichproben, die im Rotationsverfahren jedes Jahr einen Teil der Elemente entfernen und einen gleichgroßen Teil neu aufnehmen

Unabhängige Stichproben haben den Vorteil, dass sie kumulativ die Gesamtstichprobe des Landes mit der Zeit vergrößern und so eine verbesserte regionale Disaggregierung ermöglichen. Allerdings ist diese Variante mit erhöhten Erhebungskosten und einer Zunahme des Stichprobenfehlers verbunden. Bei Panel-Stichproben verhalten sich Vor- und Nachteile genau umgekehrt zu den unabhängigen Stichproben. Das von der EU für beide Analysen präferierte Verfahren ist die Rotation der Stichprobenziehung. Dabei wird für ein Ausgangsjahr die Gesamtstichprobe eines Panels in vier gleichgroße, jeweils repräsentative Unterstichproben geteilt. Im darauffolgenden Jahr wird ein neues Panel mit vier Teilen gebildet, aus dem eine Unterstichprobe genommen und als Substitut für eine Unterstichprobe des ersten Panels verwendet wird. Diese Prozedur wiederholt sich jedes Jahr.

Damit bleibt jede Unterstichprobe über vier Jahre bestehen. Zugleich wird je Panel ein Viertel der ursprünglichen Gesamtstichprobe pro Jahr durch eine neue Unterstichprobe ersetzt. So lassen sich nach einer erstmaligen Implementierungsphase von vier Jahren Querschnitts- und Längsschnittsanalysen gleichzeitig durchführen (EC 2020). Diese Vorgehensweise ist vor allem für die Berechnung des *Social Inclusion Indicator* aus der *persistent at-risk-of-poverty rate* von Bedeutung. → Tabelle 1 zeigt für das vergangene Jahrzehnt exemplarisch anhand vier Länder die unterschiedliche Dynamik der prozentualen Quoten.

Jahr	Litauen	Griechenland	Rumänien	Tschechien
2010	7,4	17,6	18,0	5,5
2019	19,2	11,8	16,8	5,7

Tab. 1: Persistente Armutsgefährdungsraten ausgewählter Länder der EU
Quelle: Eurostat 2021

Seit 2011 publiziert die OECD im Rahmen der *Better Life Initiative: Measuring Well-Being and Progress* den *Better-Life-Index* (BLI) für 41 Länder. Er stellt einen Versuch dar, den bisherigen engen Fokus auf rein ökonomische Indikatoren zu überwinden und dabei auch die Folgen von Krisenerscheinungen (Finanz- und Migrationskrise, Klimawandel, demographische Entwicklungen, politische Teilhabe) zu integrieren. Die Grundlage bilden elf Themenfelder wie Einkommen, Beschäftigung, Wohnverhältnisse, Umwelt, Gesundheit und Sicherheit, die materielle Bedingungen und Lebensqualität kombinierend abbilden (OECD 2020a). Für jedes Themenfeld wird ein Teilindex anhand eines oder mehrerer Indikatoren gebildet. Die Indikatorenwerte sind standardisiert und fließen gleichgewichtig als Mittelwert in die Indexberechnung ein. Auf diese Weise lassen sich Unterschiede in den Teilindexwerten quantitativ direkt vergleichen. Die Gewichte können jedoch nach subjektiven Bewertungen variiert werden.

Ergänzt wird der BLI durch nationale Befragungsergebnisse zu den elf Themen. Darüber hinaus sind Vergleiche der sozialen Ungleichheit zwischen den Ländern möglich. Zum Beispiel ist in Deutschland das Einkommen des reichsten Fünftels der Bevölkerung um das 4,4-fache höher als jenes des ärmsten Fünftels. In Finnland beträgt der Faktor 3,7, in Estland 6,2 und in Österreich 4,1. → Tabelle 2 deutet für die vier genannten Länder die Komplexität des Phänomens ‚Wohlergehen' an, wie ein Vergleich der Dimensionen ‚Einkommen' und ‚Lebenszufriedenheit' zeigt. Wie hoch das einkommensbezogene Armutsrisiko ist, zeigen auch die Werte der Variable ‚Anteil aller Haushalte, die in Armut fallen würden, müssten sie auf drei Monatseinkommen verzichten'. Für Deutschland liegt der Wert mit 31 Prozent überraschend hoch – auch im Vergleich zu Österreich mit 19 Prozent. Die Einkommensunzufriedenheit in Finnland und Estland spiegelt sich in entsprechend hohen Werten von 37 und 40 Prozent wider (OECD 2020b).

Das Urteil der OECD zum aktuellen Bericht *How's Life 2020* fällt, wenig überraschend, insgesamt ambivalent aus: „Since 2010, people's well-being has improved in many respects, but progress has been slow or deteriorated in others, including how people connect with each other and their government" (OECD 2020b).

Dimension	**Deutschland**	**Österreich**	**Estland**	**Finnland**
Wohnen	6.8	6.2	6.8	6.2
Einkommen	4.7	5.0	1.8	3.7
Beschäftigung	8.2	8.1	6.9	7.4
Gemeinsinn	6.2	6.9	6.8	8.6
Bildung	7.6	6.6	7.9	8.9
Umwelt	7.0	6.6	7.4	8.9
Zivilengagement	5.3	4.8	6.0	5.2
Gesundheit	7.4	7.9	5.6	7.9
Lebenszufriedenheit	7.8	8.3	3.5	10.0
Sicherheit	8.3	9.1	7.5	9.3
Work-Life-Balance	8.4	6.8	7.9	8.0

Tab. 2: Der *Better-Life-Index* für ausgewählte Länder der OECD
Quelle: OECD 2020b

Wie wurde Armut früher gemessen?

Zu den Pionieren der Armutsforschung, die sich intensiv und empirisch mit den Lebens-, Arbeits- und Wohnverhältnissen der als arm geltenden Bevölkerung beschäftigten, gehört Charles Booth mit seinen Untersuchungen zu *Life and Labour of the People in London*, die er 1886 begann und 1902 abschloss. Geprägt vom positivistischen Wissenschaftsgeist seiner Zeit, strebte er „[...] die nüchterne Bestandsaufnahme des Ist-Zustandes an, ihn interessierten weder die Entstehungsgeschichte der Armut noch Prognosen zu ihrer weiteren Entwicklung" (Lepenies 2017, 67). Innovativ waren seine methodische Vorgehensweise sowie die Darstellung der Untersuchungsergebnisse. Neben verfügbaren Volkszählungsdaten, die zwar aktuell, für seine Forschungszwecke jedoch ungenau waren, befragten Booth und sein Team ausgiebig in den Armutsvierteln arbeitende Expert:innen. Zu ihnen gehörten, neben anderen, Inspekto:innen der Schulaufsicht, Gesundheits- und Fürsorgebeamt:innen, Stadtmissionar:innen und Polizist:innen. Booth selbst lebte auch mehrere Male für einige Wochen in den Armutsvierteln von London (ebd., 68). Die so gesammelten Daten stellte er in hoch aufgelösten *Poverty Maps* dar. Damit nutzte er einen intuitiv verständlichen Zugang in der Präsentation sozialräumlicher Unterschiede von Armutsverhältnissen in den Londoner Stadtteilen. Verstärkt wurde die Lesbarkeit der *Poverty Maps* noch dadurch, dass er die Armen nach bestimmten Indikatoren wie Einkommenssituation, Beschäftigungsverhältnis und Lebensstil klassifizierte.

Die Klasseneinteilung folgte zwar anhand transparenter und nachvollziehbarer Kriterien, war aber dennoch nicht völlig widerspruchsfrei. „Man kann sagen, dass ein ‚Armer' jemand ist, der sich ständig ‚nach der Decke strecken' muss, der sich am Rande des Existenzminimums hält; die ‚sehr Armen' leben dagegen in einem Zustand chronischen Mangels" (Lepenies 2017, 70). Nach heutigen Maßstäben entsprächen der ersten Gruppe jene Menschen, die nahe der Armutsgefährdungsschwelle, der zweiten Gruppe jene Menschen, die in absoluter Armut leben. Auf der Grundlage der 17-jährigen Forschungstätigkeit kam Booth für das damals vier Millionen Einwohner umfassende London zu folgenden Ergebnissen: 8,4 Prozent galten als ‚sehr arm' und 22,3 Prozent als ‚arm'. Zusammengefasst waren somit vor gut hundert Jahren 1,2 Millionen Menschen arm oder sehr arm. Die sozialpolitischen Schlussfolgerungen, die Booth zog, waren, so Lepenies (2017, 72), geprägt von der Sorge sozialistischer Umtriebe und des Ausgreifens von Armut in die Mittelschichten hinein. Während er für die ‚sehr Armen' keine Chance auf Verbesserung ihrer Lebensbedingungen durch staatliche Fürsorgemaßnahmen sah und sie ihrem Schicksal überließ, sollte sich staatliches Handeln ganz auf die ‚Armen' konzentrieren, „[…] um sie an eine geregelte Tätigkeit zu gewöhnen und sie moralisch zu festigen" (ebd.). Damit wurde Armut ein weiteres Mal einem persönlichen Makel zugeschrieben und nicht als Folge der sozialen und ökonomischen strukturellen Voraussetzungen gesehen.

Diese Praxis der Zuschreibung von Armut als selbstverschuldetes Schicksal hat sich mit den empirischen Untersuchungen des Industriellen Benjamin Seebohm Rowntrees in der nordenglischen Stadt York Ende des 19. Jahrhunderts gewandelt. Rowntree ging mit seinen theoretischen Überlegungen und methodischen Vorgehensweisen einen anderen Weg als Booth, wenngleich die auf quantitativen Daten beruhenden Analysen und die Klassifikation der Armen Ähnlichkeiten aufweisen. Während der methodische Unterschied in der direkten Befragung armer Haushalte liegt, sind es in theoretischer Hinsicht zwei normative Ansprüche, die er zu erfüllen suchte. Zum einen kategorisierte er a priori Haushalte bzw. Familien in *primäre* und *sekundäre* Armut in Abhängigkeit ihrer Einkünfte und ihres Ausgabeverhaltens. „Unter die primäre Armut fielen all diejenigen Familien, deren Einkünfte nicht ausreichten, um die Minimalmenge an Gütern zu erwerben, die zur Aufrechterhaltung der *physischen Existenz unbedingt* nötig waren […]. Bei der sekundären Armut ging es um Familien, die zwar das physische Existenzminimum theoretisch hätten decken können, aber durch (nützliche sowohl wie unnütze) Ausgaben daran gehindert wurden" (Lepenies 2017, 74). Damit sollte, so scheint es, die Unterscheidung in Fremd- und Selbstverschulden noch ein Stück weit aufrechterhalten bleiben. Bemerkenswert ist, dass sich die Frage der Nützlichkeit der Ausgaben an grundlegenden Bedarfsgütern wie Wohnung, Kleidung und Lebensmittel orientierte. „Ausgaben, die nötig waren, um die »geistigen, moralischen und sozialen« Bedürfnisse zu befriedigen, wurden nicht in Betracht gezogen" (ebd.).

Zum anderen sollte die Kategorisierung der Ermittlung einer Armutslinie dienen. Dazu wurden in York jene Haushalte befragt, deren Bewohner zur *working class* gehörten, immerhin 11.000 mit etwa 45.000 Bewohnern. Die Studien, die Rowntree 1901 unter dem Titel *Poverty: A Study of Town Life* veröffentlichte, waren in den Bereichen Wohnsituation, Kleidungskonsum und Essgewohnheiten sehr detailliert, wie Lepenies (2017, 74f.) für die Essgewohnheiten ausführt. Mit Hilfe detaillierter Menüpläne wurden Tagesbedarfe für Kinder, Frauen und Männer ermittelt, die zur Aufrechterhaltung des physischen Existenzminimums absolut notwendig waren. Die Menüpläne wurden dann mit den ortsüblichen Preisen verrechnet. Die Kosten für Miete, Bekleidung und Energie wurden auf ähnliche Weise empirisch ermittelt. Diese Lebensbereiche bildeten die Grundlage der Bestimmung der Armutslinie im Sinne der Unterscheidung von primärer und sekundärer Armut. Bei einer ähnlichen Klassifikation der Armenhaushalte wie Booth gelangte Rowntree für York zu dem Ergebnis, dass 28 Prozent der Bevölkerung in Armut lebte – und damit ähnlich viele wie in London.

Die frühe Armutsforschung glich, wie Lepenies (2017, 63) schreibt, einer Reise in die Terra incognita; sie „war eine Entdeckungsreise, und ebenso wie die Reiseliteratur wuchs, gab es immer mehr Publikationen zur Situation der Armen in der Stadt".

Was lässt sich aus der historischen Forschung für die Armutsmessung lernen?

So sehr eine an den empirischen Verhältnissen ausgerichtete Armutsforschung das öffentliche Bewusstsein zu sensibilisieren begann und Armut in seiner moralischen Verwerflichkeit präsentierte, so wenig wurden daraus politische Konsequenzen für eine Lösung der hinter den sichtbaren Erscheinungen stehenden Armutsursachen gezogen. Unverkennbar konnten durch sozialpolitische Maßnahmen des 19. und frühen 20. Jahrhunderts wie Sozialversicherungen und Arbeitsschutzbestimmungen Verarmungsrisiken reduziert sowie Armutsfolgen gelindert werden. Zu wenig wurden jedoch die deskriptiv ermittelten Erkenntnisse in einen Zusammenhang sich (wechselseitig) bedingender Faktoren gebracht. Geringe Löhne, unzureichender Gesundheits- und Unfallschutz am Arbeitsplatz, prekäre Wohnverhältnisse oder schlechte Ernährung sind Indikatoren mangelnder politischer Teilhabechancen und sozioökonomischer Macht. Sie gilt es, als strukturelle Probleme der Armutsverursachung politisch in den Blick zu nehmen, ohne deren individuellen Krisencharakter zu verkennen.

Die Verhältnisse, unter denen arme Menschen leben, anzuprangern, ist für sich genommen nicht hinreichend, denn, so Bräuer (2010, 20), es „[...] vereinzelt das Armsein, löst es aus dem Kontext von Haben und Nichthaben heraus und lässt die Korrelationen zwischen der materiellen Situation und der Fülle von Faktoren – von der Teilhabe an Macht bis zum Sozialprestige – allenfalls am Rande gelten". Neben Forderungen einer (Re-)Integration von arbeitslosen Menschen in den regulären Arbeitsmarkt tragen Überlegungen zu Autonomie *und* Teilhabe fördernden Maßnahmen wie einem bedingungslosen Grundeinkommen oder einer solidarischen Bürgerversicherung diesem Anliegen Rechnung (Kovce und Priddat 2019; Butterwegge und Rinke 2018).

Als historisches Beispiel zitiert Bräuer (2010, 21) die sogenannten „Alleinmeister in den Massenhandwerken", deren Arbeitsbedingungen, besonders aber deren soziale Netzwerke sehr fragil waren. Es fehlten ihnen „[...] nicht selten die entsprechenden nichtökonomischen Beziehungen mit ihren Rückwirkungschancen – etwa für Kreditvergabe, Privilegiengewinnung, für leichteren Marktzugang, Ehrzumessung und soziale Akzeptanz, heiratspolitische Möglichkeiten, Platz in der politischen Kommunalstruktur, Ansehen in der Kirchengemeinde etc.". Im Bewusstsein dieses sozialen Seins verwurzelt zu sein, verwundert es nicht, dass sich soziale Schichtabgrenzungen – besonders nach unten – dauerhaft etablieren und festigen konnten.

Eine fundamentale Kritik der wirtschaftlichen Armutsverursachung wurde bereits früh an der Existenz des Privateigentums geäußert, wie dies Zedler 1732 in einem Universallexikon [!] zum Grundübel Armut tat: „Daß es reiche und arme giebet, rühret vom Eigenthums-Rechte her, weil, wenn dieses nicht wäre, und die Menschen ihre Vollkommenheit behalten hätten, kein unterschied seyn, sondern jeder genug haben würde" (in: Bräuer 2010, 18).

Wie wird Armut heute gemessen?

Heutige Methoden zur Messung von Armut beruhen im Wesentlichen auf statistischen Verfahren. Dies hängt zum einen mit der wissenschaftlichen Entwicklung statistischer Verfahren selbst, zum anderen mit den Möglichkeiten der computerbasierten Erhebung, Verfügbarkeit, Verarbeitung und Analyse großer Datenbestände zusammen. Darüber hinaus trugen der soziale Wandel – und hier insbesondere die Transformationen zu kapitalistischen Marktgesellschaften – zu einem veränderten Verständnis von Armut als sozialpolitisch zu steuerndes Gesellschaftsproblem bei, das mit Statistik exakt vermessbar ist.

Entsprechend den konzeptionellen Unterscheidungen von Armut existieren absolute und relative sowie ein- und mehrdimensionale Armuts-

maße. Ein gebräuchliches eindimensionales, relatives Armutsmaß ist die *relative Einkommensarmut*, die sich über eine politisch fixierte Armuts(gefährdungs)schwelle als Anteil jener Personen berechnet, deren Einkommen unterhalb dieser Schwelle liegt. Als Armutsgefährdungsschwelle wird in den Erhebungen der EU 60 Prozent des Medianeinkommens herangezogen, als Armutsschwelle 50 Prozent (also die Hälfte des mittleren Einkommens). Als Einkommen wird das verfügbare Einkommen aus Arbeit, Mieteinnahmen, Anlageerträgen und Sozialleistungen herangezogen und mit der Anzahl der Haushaltsmitglieder altersabhängig gewichtet. Mit diesem Maß ist es möglich, Modellrechnungen zu verteilungspolitischen Wirkungen der Gesamteinkommen durchzuführen (Eggen 2013); als national aggregierter Wert ist sein Aussagegehalt jedoch eingeschränkt. Zu berücksichtigen sind somit regionale Unterschiede der Lebenshaltungskosten und der Einfluss öffentlicher Leistungen (Infrastruktur) auf die Einkommenssituation.
Neben der reinen Armuts(gefährdungs)quote als relative Häufigkeit zur Gesamtbevölkerung eines Landes steht mit dem *Einkommenslückenverhältnis* (EL) ein Maß für die Verteilung der Einkommen unterhalb des Schwellenwertes zur Verfügung. Ein hoher Wert (nahe 1) sagt aus, dass die Mehrzahl der Einkommen armutsgefährdeter Haushalte nahe dem Schwellenwert liegen.

$$EL = \sum_{i=1}^{p} \frac{(AS - E_i)}{AS * p}$$

mit: AS = Armutsgefährdungsschwelle; p = Anzahl armutsgefährdeter Personen; E_i = Einkommen der p_i

Ein grundsätzliches Problem bei Armutsmaßen ist die Frage, ob die Armutsgefährdungsschwelle absolut oder relativ gesetzt werden soll. Üblich ist eine relative Grenzziehung, nämlich 60 Prozent des Medianeinkommens. Dies führt aber zum statistischen Effekt, dass eine gleichartige Einkommenserhöhung (z. B. Verdopplung) keine Änderung der Verteilung und auch nicht des relativen Grenzwertes zur Folge hat. Demzufolge müsste eine absolute Grenzfestlegung zumindest im Vorher-Nachher-Vergleich einer einkommenspolitischen Verteilungsmaßnahme fixiert werden (Kockläuner 2012, 3). Bei relativen

Armutsmessungen, die eine gleich hohe prozentuale Erhöhung über alle Einkommen vorsieht, tritt zudem der Effekt wachsender absoluter Einkommenslücken ein, der einkommensarme Haushalte stärker benachteiligt als einkommensreiche Haushalte. Demgegenüber zeigen absolute Armutsmessungen mit einer pauschalen Einkommenserhöhung über alle Einkommen eine Verringerung der Einkommenslücken zugunsten einkommensarmer Haushalte. Um diese Wirkung vergleichend bewerten zu können, sind dann jedoch relative Armutsmaße notwendig.

Ein auf diesen Überlegungen aufbauendes relatives Armutsmaß stammt von Amartya Sen (1976). Dieses verknüpft die gesamtgesellschaftliche Armutsgefährdungsquote *H* (absoluter Bezug auf Armut) mit der Armutsintensität *I* und der Ungleichheitsverteilung *U* (relative Bezüge auf Armut) der armutsgefährdeten Haushalte. *H* ist der Anteil einkommensarmer Haushalte, *I* das gewichtete arithmetische Mittel der relativen Einkommenslücken und *U* der Gini-Koeffizient der einkommensarmen Haushalte. Zudem sind die Einkommenslücken der Größe nach geordnet, so dass eine armutspolitische Bewertung von Umverteilungsmaßnahmen möglich ist (Kockläuner 2012, 11).

Der Gini-Koeffizient ist ein relatives Streuungsmaß, das die relative Konzentration einer Verteilungsgröße, wie zum Beispiel des Einkommens, auf eine Referenzgröße (hier die Bevölkerung) angibt. Er kann Werte zwischen 0 (perfekte Gleichverteilung) und nahe 1 (maximale Ungleichverteilung) annehmen. Mit Hilfe der Lorenzkurve, die eine grafische Veranschaulichung der Ungleichheit über die kumulierten Anteile der beiden Größen ermöglicht, lässt sich der Gini-Koeffizient als Verhältnis der Fläche A (zwischen Winkelhalbierender der perfekten Gleichverteilung und der empirischen Lorenzkurve) zu Fläche B (Gesamtfläche unter der Winkelhalbierenden) ermitteln.

Bei mehrdimensionalen Ansätzen der Armutsmessung ist zum einen zu definieren, ab wie vielen erfüllten Armutskriterien Armut insgesamt vorliegt; zum anderen ist bei der Integration qualitativer Variablen deren Operationalisierung und Gewichtung zu bestimmen. Einen Ansatz hierfür stellt jener von Alkire und Foster dar.

Videotipps | Wie wird Armut heute gemessen?
https://www.youtube.com/watch?v=zMzZiDHhEF8

Zum *Human Development Index*:
https://www.youtube.com/watch?v=UIARB24wAnw

Wie hoch ist die Armutsgefährdung in Europa, Deutschland und Österreich aktuell?

In Europa variieren die Armutsgefährdungsquoten auch unter Berücksichtigung gezahlter Sozialleistungen erheblich. Bei einem Durchschnittswert von knapp 17 Prozent für die 28 Länder der EU im Jahr 2019 (also noch inklusive Großbritannien) weist Island mit knapp 9 Prozent den geringsten und Montenegro mit knapp 24 Prozent den höchsten Wert auf. Überdurchschnittliche Werte weisen die baltischen, süd- und südosteuropäischen Staaten auf, deutlich unter dem Durchschnitt liegen die Quoten in Skandinavien (mit Ausnahme Schwedens) und Osteuropa. Werden zu Vergleichszwecken der Lebenshaltungskosten die Kaufkraftstandards (→ Box) zugrunde gelegt und eine darauf aufbauende Armutsgefährdungsschwelle errechnet, verdeutlicht diese die unterschiedlichen Armutslagen innerhalb Europas noch weiter. Während in Ländern wie Rumänien, Bulgarien, Griechenland und den baltischen Staaten das Einkommen – zusätzlich zu den hohen Quotenwerten – eine geringe Kaufkraft aufweist, ist dies in Ländern wie Österreich oder Norwegen umgekehrt der Fall (→ Abbildung 1).

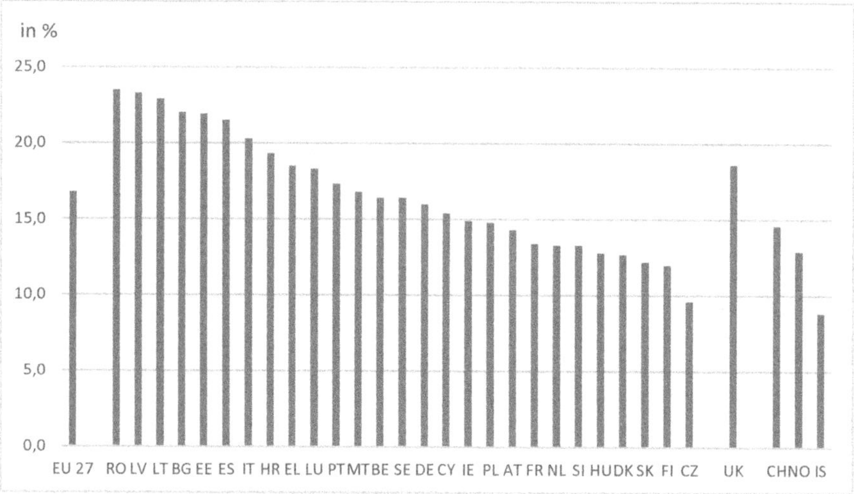

Abb. 1: Armutsgefährdungsquoten und -schwellen in Europa 2018
Quelle: in Anlehnung an Eurostat 2020

In Deutschland waren 2019 knapp 16 Prozent der Bevölkerung armutsgefährdet. Für einen Einpersonenhaushalt bedeutete dies, mit 1.074 Euro im Monat auskommen zu müssen, für Alleinerziehende (mit einem Kind unter 14 Jahren) liegt der Schwellenwert bei 1.396 Euro, und für einen Haushalt mit zwei Erwachsenen und zwei Kindern unter 14 Jahren sind es 2.256 Euro. Bei diesen Beträgen sind sämtliche Sozialleistungen bereits inkludiert, ohne diese läge die Armutsgefährdungsquote bei knapp 25 Prozent (bpb 2020a). Zu den besonders betroffenen Personen gehören Erwerbslose, Menschen ohne Schulabschluss, Alleinerziehende, Kinder und junge Erwachsene sowie Migrant:innen (→ Abbildung 2).

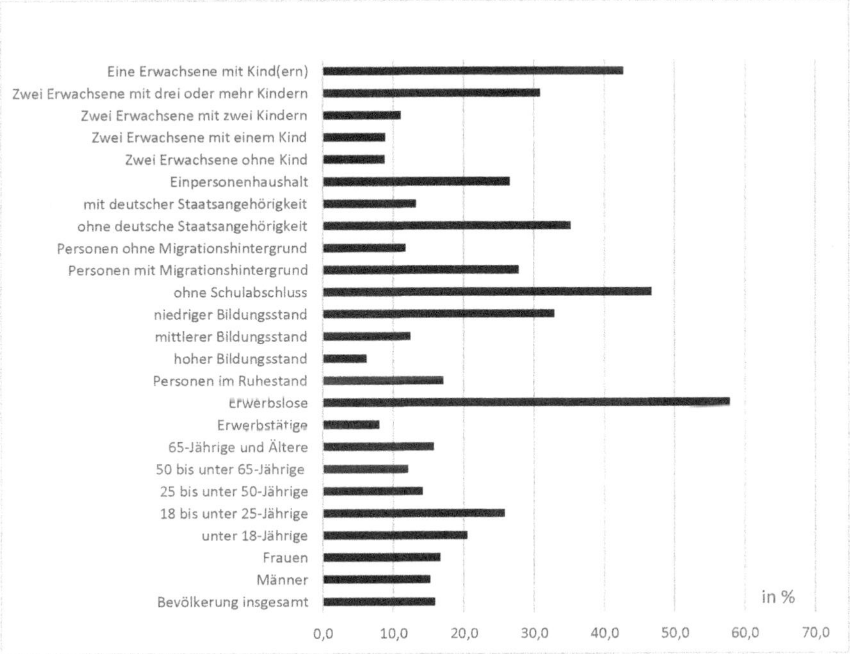

Abb. 2: Armutsgefährdungsquoten in Deutschland im Jahr 2019
Quelle: in Anlehnung an bpb 2020a

In Österreich waren 2019 rund 13 Prozent der Bevölkerung armutsgefährdet, dort liegt das mediane Äquivalenzeinkommen bei 1.286 Euro. In besonderem Maße von Armut gefährdet sind auch hier Alleinerziehende (31,6 Prozent), alleinstehende Pensionist:innen (25,7 Prozent), Einpersonenhaushalte in Haushalten ohne Pensionsbezug (Frauen: 25,5 Prozent; Männer: 24,0 Prozent) und Kinder (19,7 Prozent) (Statistik Austria 2020b). Deutlich zeigt sich eine überdurchschnittlich hohe Armutsgefährdung von Frauen.

Die *Kaufkraft* gibt das verfügbare Nettoeinkommen (plus Transferleistungen) an, das für Ausgaben aller Art – von Wohnungs- über Lebensmittel-, Versicherungs- bis zu Urlaubs- und Mobilitätskosten – verwendet wird. Um die Kaufkraft zwischen Regionen und Ländern vergleichen zu können, werden die Preise für Waren und Dienstleistungen ins Verhältnis zueinander gesetzt (was kostet ein Liter Milch in Land A und in Land B?). Die einzelnen Waren und Dienstleistungen werden dann zu Gruppen und schließlich zu einem Warenkorb aggregiert, der in der EU etwa 2.500 Konsumartikel umfasst. Dieser bildet die Grundlage für die Berechnung der *Kaufkraftparität* (*Purchasing Power Parity*, PPP). Sofern Wechselkurse und deren Schwankungen berücksichtigt werden müssen, werden die PPP in *Kaufkraftstandards* (*Purchasing Power Standards*, PPS) als künstliche Währungseinheit umgerechnet (Eurostat 2012).

Welche Datenquellen und Parameter werden zur Armutsmessung verwendet?

„Statistische Transparenz in steuerlichen und sozialen Dingen ist [...] eine wesentliche Voraussetzung, damit die demokratische Debatte korrekt und konstruktiv geführt werden kann" (Rosanvallon 2013, 326). Auch wenn diese Voraussetzung erfüllt wird, kann nicht umstandslos von klaren und eindeutigen Ergebnissen der statistischen Analysen ausgegangen werden. Die Gründe liegen in den unterschiedlichen Erhebungs- und statistischen Verfahren der Datenanbieter sowie den getroffenen politischen Konventionen bestimmter Parameter.

In Deutschland und Österreich stellt der *Mikrozensus* eine wesentliche und zugleich die stichprobengrößte Datenquelle dar. Befragt wird – in Deutschland jährlich, in Österreich quartalsweise – jeweils ein Prozent der Bevölkerung, unter anderem zum Lebensunterhalt, zur Erwerbstätigkeit, Bildung und Wohnsituation. Während in Deutschland auch die Daten zum Haushaltseinkommen über den Mikrozensus erhoben werden, ist in Österreich hierfür EU-SILC die wichtigste Datenquelle. In beiden Ländern dient EU-SILC für internationale Vergleiche in Europa. Eine weitere relevante Grundlage für sozialstatistische Daten in Deutschland ist das *Sozio-oekonomische Panel* (SOEP) des Deutschen Instituts für Wirtschaftsforschung in Berlin. Bereits seit 1984 werden Daten von etwa 30.000 Personen zu sozialer Ungleichheit und Verteilung, subjektivem Wohlbefinden und Gesundheit, und Migration und gesellschaftlichem Wandel erhoben (DIW 2021). Alle fünf Jahre werden vom Statistischen Bundesamt im Rahmen der *Einkommens-*

und Verbrauchsstichprobe (EVS) rund 60.000 Haushalte „[...] über die Ausstattung mit Gebrauchsgütern, die Einkommens-, Vermögens-, und Schuldensituation sowie die Konsumausgaben [...]" (Destatis 2021a) befragt. Die EVS bildet eine wesentliche Grundlage für den Armuts- und Reichtumsbericht der deutschen Bundesregierung und die Berechnung des Regelbedarfs der sozialen Grundsicherung.

Zu den unterschiedlichen Datenquellen und deren Stichprobengrößen sowie erhobenen Themen kommen Unterschiede in der Erfassung der Haushaltseinkommen hinzu. Dabei tragen vor allem die Wohnkosten zu Variationen des Einkommens und damit zur Festlegung der Armutsgefährdungsschwelle bei (Miete gegenüber Eigentum mit Instandhaltungskosten). „Der Mikrozensus erfasst den geldwerten Vorteil des selbstgenutzten Wohnungseigentums nicht, das SOEP erfasst ihn" (Cremer 2016, 24).

Neben der Wahl des Medians statt des arithmetischen Mittelwertes (um dem Problem der Ausreißerwerte zu begegnen) betreffen die politisch-normativen Konventionen zum einen die Festlegung des Schwellenwertes auf 60 Prozent des äquivalisierten Medianeinkommens. Dieser hat sich als international anerkannter Parameter zur Bemessung der Armutsgefährdung durchgesetzt, bleibt aber dennoch eine willkürliche Festsetzung. Um die Verteilung der Einkommen unterhalb der 60-Prozent-Grenze mit jener der Gesamtbevölkerung in eine Beziehung zu bringen, wird ergänzend die Armutsgefährdungslücke als Differenz der medianen Einkommen der armutsgefährdeten Bevölkerung und der Armutsgefährdungsschwelle ermittelt. Diese Lücke betrug in der EU-28 2017 knapp 25 Prozent.

Zum anderen unterliegt die Bewertung der Haushaltszusammensetzung für die Bestimmung eines gewichteten Vergleichs der Einkommen (Äquivalenzprinzip) einer politischen Entscheidung. Diese Bedarfsgewichte sind kritisch zu hinterfragen, so Cremer (2016, 25): „So kann man durchaus darüber streiten, ob das Bedarfsgewicht von 0,3 für Kinder unter 14 Jahren nicht zu niedrig angesetzt ist, ist dies doch der rechnerische Ausdruck der Annahme, dass für diese Kinder mit 30 % des Erwachsenenwertes das gleiche Wohlstandsniveau wie für einen Erwachsenen gesichert werden kann. In einem Haushalt der gehobenen Mittelschicht oder der Oberschicht sind 30 % des Erwachsenenwerts vermutlich ausreichend [...]. Aber bei Familien mit Einkommen nahe der Armutsgrenze ist davon nicht auszugehen".

Unabhängig von statistischen Informationen zu Metadaten und politischen Vorgaben der Parameterwerte ist bei der Beurteilung relativer Einkommensarmut die haushaltsinterne Verwendung als prinzipielles Einflusskriterium für individuelle Armutsrisiken mitzubedenken – selbst wenn sie nicht erfasst wird. Stattdessen wird von der impliziten Annahme ausgegangen, dass das verfügbare Einkommen zwischen den Haushaltsmitgliedern bedarfsgerecht verteilt wird (Cremer 2016, 25).

Armut im historischen Kontext

Armut gibt es seit jeher. Das Kapitel geht auf Erklärungsansätze der Antike, des frühen Christentums und des Mittelalters ein. Auch das veränderte Verständnis im Zuge der Industrialisierung wird betrachtet. Das Phänomen der strukturell gefestigten Armut wird zudem beleuchtet und der Umgang mit Armut heute aufgezeigt.

Wie wurde Armut in der Antike und im frühen Christentum gerechtfertigt?

Die grundlegenden Widersprüchlichkeiten gesellschaftlicher Auseinandersetzung mit Armut, die in Kapitel 1 angesprochen wurden, ziehen sich gleichermaßen durch die Geschichte der Armut. Die Konstante, die trotz des sozialen Wandels die Widersprüchlichkeiten aufrechterhält, liegt in der gesellschaftlichen Funktionalität von Armut begründet (Dietz 1997, 22 ff.). Armut zieht sich somit durch alle gesellschaftlichen Großformationen, von der Agrar- über die Industrie- bis zur heutigen Dienstleistungsgesellschaft – anders gesagt: von den segmentären über die stratifizierten bis zu den funktional differenzierten gesellschaftlichen Systemen.

In der Antike galten jene Menschen als arm, die arbeiten mussten, um ihr physisches Existenzminimum und ihre sozial beschränkten Teilhabemöglichkeiten zu sichern. Obwohl sie dadurch zum Wohlstand, vor allem der Städte, beitrugen, wurden Arme durch die körperlichen Folgen der Arbeit stigmatisiert. Für freie Bürger gab es demgegenüber öffentliche Unterstützung in Form von ärztlicher Versorgung, Krediten oder Schenkungen. Zuerst musste allerdings die Familie einspringen, um Armut abzuwenden.

Obdachlosigkeit, öffentliche Küchen und prekäre Wohnverhältnisse gab es bereits in römischer Zeit. Armutsgefährdet waren vor allem Angehörige der Plebejer, einem sozialen Stand, für deren Mitglieder bestimmte Tätigkeiten und ein Leben in *Suburba*, einem als gefährlich und schmutzig geltenden Stadtteil von Rom, vorherbestimmt waren. Tatsächlich verarmte Plebejer „galten als *Proletarii*, deren einziger Lebenszweck in den Augen der Wohlhabenden schien, Nachkommen (*proles*) in die Welt zu setzen. Schon in dieser Bezeichnung zeigte sich die ganze Verachtung der Wohlhabenden für die Armen“ (Lepenies 2017, 14).

Mit der Ausbreitung des Christentums in Mitteleuropa seit dem frühen Mittelalter und der kulturellen Einheit von Religion und Kirche findet die soziale Stellung als eine *von Gottes Gnaden* in der Gesellschaft ihren Ursprung. Armut im Christentum wurde einerseits normativ verurteilt: „[E]s soll überhaupt kein Armer unter Euch sein“ (Lepenies 2017, 16). Andererseits wurden Armut und arme Menschen in der Seelenheilslehre instrumentalisiert. Reichtum wurde durch die Gabe von Almosen legitimiert, und Armut war dadurch konstitutiv für die Aufrechterhaltung des ökonomischen und sozialen Status der Wohlhabenden. „In dieser Konstellation wäre die wünschenswerte Vorstellung von einem Ende der Armut absurd erschienen" (ebd., 19).

Die Ökonomie des Seelenheils erfüllte zwei Funktionen: „[d]ie der Aufgabenteilung, in der Arme als Objekt der Heilsbringung einerseits und Almosengebende als Heilsempfangende andererseits aufeinander angewiesen sind, und die der gesellschaftlichen Umverteilung, indem Armut nicht nur Reichtum rechtfertigt, sondern ihn für die christliche Gesellschaft zur Lebensnotwendigkeit macht. Ohne Reichtum keine Armut – und somit auch kein Seelenheil" (Dietz 1997, 28). Gesellschaftliche Barmherzigkeit kam einem reinen Selbstzweck gleich, die durch die Armut eines Teils der Gesellschaft erfüllt werden konnte. Die als notwendig erachtete Sichtbarkeit des Gabenhandels für die Funktionserfüllung trug wesentlich dazu bei, dass spätere Versuche einer zentralisierten und damit anonymen Armenfürsorge nur schwer umzusetzen waren (Bräuer 2010, 25).

Wie hat sich die Rechtfertigung von Armut vom Mittelalter bis zur Frühen Neuzeit gewandelt?

Im Mittelalter mit ihrer berufsständischen Gesellschaftsstruktur waren jene Menschen arm bzw. armutsgefährdet, die nicht Teil der Zunftordnung und deren Unterstützungssystemen waren. Dies betraf in West- und Mitteleuropa im 13. Jahrhundert etwa ein Drittel der Bevölkerung (Lepenies 2017, 20). Im Übergang von einer segmentär zu einer stratifikatorisch gegliederten Gesellschaft und einer allmählich einsetzenden Säkularisierung hat sich auch die Funktion der Armut verschoben. Die Mildtätigkeit der Reichen zur Legitimation ihres ökonomischen Status wurde abgelöst durch eine Vorstellung, die die soziale und wirtschaftliche Position in der Gesellschaft als natur- oder gottgegeben ansah. Die bessergestellten Mitglieder der Gesellschaft bedurften keiner weiteren Legitimation mehr. Damit wurde Armut zunehmend kriminalisiert und versucht, sie unsichtbar zu machen. Dies erfolgte zunächst durch die sich sukzessive ausbreitenden Bettelverbote, später dann durch sogenannte Arbeitshäuser. Aus dem Nebeneinander von Reichtum und Armut, das durch die Heilslehre eine wechselseitige Nutzen-Beziehung einging, folgte eine Distanzierung der sozialen Schichten und ein Bruch bisheriger funktionaler Instrumentalisierung. „Der Reichtum machte sich die Armut bisher zunutze; jetzt wollte er vor ihr geschützt werden" (Dietz 1997, 30).

Die Funktion der Armut hat sich zwar verschoben, geblieben ist mit der Unterscheidung in *würdige* und *unwürdige* Arme jedoch ihre Funktionalisierung. Und gar verstärkt hat sich über Bettelordnungen und -verbote sowie eine Residenzpflicht für Arme ihre Diskriminierung. Dies und den damit einhergehenden akribischen bürokratischen Aufwand bei der Prüfung der Almosenwürdigkeit bietet Bräuer (2010, 23 f.) anhand von Wien für das ausgehende 17. Jahrhundert. Jedes Jahr wurden vier Wochen lang täglich 30 bis 40 Antragsteller:innen auf ihren Gesundheitszustand hin untersucht und biographische Daten zu Arbeits- und Familienverhältnissen sowie Ernährungsgewohnheiten und den Gründen des Bettelns erhoben. Auf der Grundlage dieser Daten wurden dann – für die „würdigen Armen" – Bettelberechtigungen in Form von Stadtzeichen erteilt. „Dieses Zeichen war deutlich sichtbar auf der Kleidung zu tragen und stellte letztlich ein marginalisierendes Etikett dar, obgleich – und dies ist mehr als nur widersprüchlich – die das Zeichen tragende Person ja alle Bedingungen der Obrigkeit erfüllt hatte [...]" (ebd.).

Bettelverbote konnten sich weder rasch und umstandslos noch umfassend etablieren, zu sehr nahmen Elend und Not immer größerer Bevölkerungsgruppen zu. Mit der gesellschaftlichen Transformation von Herkunftsständen auf Berufsstände und deren institutionalisierte Unterstützungssysteme, die als Vorläufer der heutigen Sozialversicherung eine gewisse Absicherung bei Krankheit und Unfall boten, fiel die Masse der Armen „aus der gesellschaftlichen Strukturierung heraus und wurde quasi in einen eigenen, untersten Stand gedrängt" (Dietz 1997, 33). In dieser Phase im 14. und 15. Jahrhundert bestand zwischen Bettler:innen und Wohlhabenden eine Art Vertragsverhältnis, das ihnen innerhalb der gesellschaftlichen Arbeitsteilung eine Funktion zuwies (Geremek 1988, 67). Mit dem weiteren Anwachsen der Zahl bettelnder Menschen ist dieses Vertragsverhältnis zunehmend brüchig geworden. Die Ausführung der Bettelverbote war in der Regel mit einem Verlust des Heimat- und Versorgungsrechts der bettelnden Menschen verbunden, sie wurden „[...] zu Obdachlosen mit den weitreichendenden Konsequenzen der Illegalität" (Bräuer 2010, 28).

Neben der Säkularisierung führten auch die wachsende Verstädterung und die aufkommende Geldwirtschaft im 15. und 16. Jahrhundert zu einem Funktionswandel der Armut. „Es breitete sich die neue Klasse des Landproletariats mit entsprechenden Wanderbewegungen aus. Die Landflucht hatte ihrerseits zur Ursache, daß die Krisenkompensation dörflicher Solidarität nicht mehr funktionierte" (Dietz 1997, 31).

Im 16. Jahrhundert gewann die christliche Prädestinationslehre, die von der von Gott festgelegten sozialen Position im Diesseits wie im Jenseits ausging, breite Zustimmung. Damit wurden Bemühungen einer vertikalen sozialen Mobilität als aussichtsloses Unterfangen unterdrückt, jedoch war es den Armen möglich, durch Arbeit ihr irdisches Dasein zu verbessern. Aus der Möglichkeit wurde zunehmend eine Pflicht, denn nur wer arbeitete, hatte ein Recht auf öffentliche Unterstützung. Das Bettelverbot und das protestantische Arbeitsethos, das freilich nicht für die oberen sozialen Schichten galt, übten ihrerseits Druck auf die Anwendung der Arbeitspflicht aus (Huster 2018, 344).

Dietz (1997, 35) sieht im sich durchsetzenden Arbeitsethos, das für die weltliche *und* kirchliche Macht ein wesentliches herrschaftssicherndes Instrument darstellte (*ora et labora*), „armenpolitisch eine gewaltige Zäsur". Zum einen wurde das bisherige Vertragsverhältnis zwischen Bettler:innen und Wohlhabenden brüchig, weil das reine Betteln nicht in den Bereich produktiver Arbeit fiel. Vielmehr musste nun für Almosen gearbeitet werden, ohne diesen Tätigkeiten den tatsächlichen Status von Erwerbsarbeit zuzuschreiben. „Der Arme darf, wenn er gesund und arbeitsfähig ist, keine Almosen annehmen. Selbst wenn er arbeitsunfähig ist und ihm die Mittel zum Leben fehlen, muss er sich bemühen, *nützliche und barmherzige Werke* zu verrichten [...]" (Geremek 1988, 39; Hervorhebung A.K.).

Zum anderen wurde ‚Arbeitsfähigkeit' über die Bedürftigkeit behördlich definiert. Arme wurden nach diesen Kriterien registriert und erhielten eine öffentliche Unterstützung. Damit wurde öffentliches Betteln untersagt und Arbeiten zur moralischen und wirtschaftlichen Pflicht. Entsprechend kritisch fällt Dietz' (1997, 36) Urteil aus: „Unter dem gesellschaftlichen Wandel und dem Problemdruck verelendender Massen degenerierte die Armenfürsorge zur repressiven, ordnungspolitischen Kriminalisierung und Segregation von Armut mit einem sich ausweitenden bürokratischen Apparat". In ähnlicher Weise betont Vobruba (2019, 339f.) den politischen Zwangscharakter von Lohnarbeit, den er für die Frühphase des Industriekapitalismus als „*unbedingte* Verknüpfung von Arbeiten und Essen" [Hervorhebung A.K.] bezeichnet: „Es war alles andere als selbstverständlich, Lohnarbeit als einziges Mittel gegen Armut und Hunger zu akzeptieren. Sie [die Lohnarbeiter; A.K.] müssen erst *gezwungen* werden, zu den vom Kapital gesetzten Bedingungen zu arbeiten".

Videotipp | Wie hat sich die Rechtfertigung von Armut vom Mittelalter bis zur Frühen Neuzeit gewandelt?
https://www.youtube.com/watch?v=cyCJGGvF0Qo

Welche Veränderungen im Armutsverständnis brachte die Industrialisierung?

Die neuen Armengesetze in England (*Poor Laws* und *New Poor Laws*) waren ein – aus heutiger Sicht misslungener – Versuch, der sich im Zuge der Industrialisierung ausbreitenden Verelendung von immer mehr Menschen in Landwirtschaft und Handwerk, vor allem aber unter den Industriearbeitern, zu begegnen. Die Gründe für die fehlgeschlagenen Reformen der Armutsbekämpfung lagen zum einen in der Fortsetzung und Verschärfung tradierter Muster und Instrumente der Fürsorgepolitik, zum anderen in der Dynamik des gesellschaftlichen und vor allem ökonomischen Wandels. Lepenies (2017, 51) hebt dies, mit Verweis auf Friedrich Engels' Arbeit zur *Lage der arbeitenden Klasse in England*, hervor: „In nur etwas mehr als einem halben Jahrhundert hatte sich, […] das wirtschaftliche und soziale Gefüge Englands grundlegend geändert. Aus einem Land mit kleinen Städten, einfacher Industrie und einer großen Ackerbaubevölkerung wurde […] ein Land mit einer Hauptstadt von dreieinhalb Millionen Einwohnern, mit riesigen Fabrikstädten und einer Industrie, die den Weltmarkt dominierte und in der zwei Drittel der Bevölkerung arbeitete".

Ein Instrument verschärfter Fürsorgepolitik waren – auch von der Kirche unterstützte – Arbeits- bzw. Armenhäuser, die zum Ziel hatten, Arme zu disziplinieren und für die Wirtschaft ein Reservoir billiger Arbeitskräfte zur Verfügung zu stellen. Wer auf Hilfe angewiesen war, musste sich in die Armenhäuser einweisen lassen. Die Internierten verloren damit nicht nur politische Mitbestimmungsrechte (Versagung des Wahlrechts) und weitere öffentliche Unterstützung, auch wurden sie unwiderruflich sozioökonomisch deklassiert; ihr Status wechselte von *poor* – man musste arbeiten, um zu (über-)leben, bekam aber keine Arbeit auf dem freien Markt – zu *pauper* – man war aufgrund von Alter oder körperlich-geistiger Beeinträchtigungen nicht (mehr) in der Lage zu arbeiten (Lepenies 2017, 41). Mit der Zentralisierung der Verwaltung der Arbeitshäuser wurden die

Gemeinden einerseits von der Finanzierungslast befreit, andererseits ging damit auch das lokale Wissen in der Armutsbekämpfung verloren.

Die neuen Armengesetze standen im Widerspruch zum proklamierten liberalen Staatsverständnis, denn sie führten zu massiven Einschränkungen der Freiheitsrechte für jene, die keinen anderen Ausweg für sich sahen, als die Arbeitshäuser aufzusuchen. Mit den Gesetzen wurde zudem eine massive Stigmatisierungs- und Exklusionspolitik der armutsbetroffenen Menschen betrieben, die darin gipfelte, „Armut praktisch zu kriminalisieren" (Lepenies 2017, 44). Dies galt insbesondere für das aus dem industriellen Produktionsprozess ausgeschlossene Lumpenproletariat, während die sogenannte industrielle Reservearmee in einem konjunkturell abhängigen Schwebezustand zwischen ‚Hoffnung' auf eine das Existenzminimum sichernden Arbeit und enttäuschter Inklusion der Verelendung gehalten wurde. „Verarmung war für den Einzelnen kein Schicksalsschlag, [...] sie war systemisch bedingt" (ebd., 53).

Auch wenn die Arbeitshäuser – von denen es im Deutschland des ausgehenden 19. Jahrhunderts über 50 mit schätzungsweise 30.000 Insassen gab – nicht alle damals in sie gesteckten Erwartungen erfüllten und im Zuge der weiteren Industrialisierung in Europa an Bedeutung verloren, so bleibt erstaunlich, wie lange sich ihre damit verbundenen ordnungs- und sozialpolitischen Ideen hielten. „Auf deutschem Boden wurden ‚Arbeitshäuser' erst 1967 (!) verboten. Sie hatten sogar als eine Maßnahme sozialstaatlicher Disziplinierung Eingang in das 1961 verabschiedete Bundessozialhilfegesetz gefunden" (Dietz 1997, 39).

Wie erklärt Georg Simmel Armut in seinem Klassiker *Der Arme*?

Mit seiner Abhandlung *Der Arme*, die 1906 erstmals erschien, hat der Soziologe Georg Simmel eine gesellschaftstheoretische Analyse für Armut vorgelegt, die für die Erklärung heutiger Armutsverhältnisse noch Gültigkeit beanspruchen kann, auch wenn sich die gesellschaftlichen und sozialpolitischen Rahmenbedingungen seither grundlegend geändert haben. Der Grund dafür liegt in dem relationalen Verständnis von Armut und Gesellschaft. Damit ist gemeint, dass Armut in einem wechselseitigen Verhältnis zur Gesamtgesellschaft steht, woraus sich Rechte und Pflichten für von Armut Betroffene wie davon nicht Betroffene ergeben. Armut wird nicht als Randphänomen notleidender Menschen oder sozialer Schichten verstanden, vielmehr ist sie ein Problem, das den Zusammenhalt der Gesellschaft als Ganzes gefährdet. Aus dieser Konstellation leitet sich Armutspolitik als Gesellschaftspolitik ab.

Daraus lassen sich mehrere Folgen ableiten. Eine davon ist, dass die Pflicht zur Armenunterstützung weder auf eine Abschaffung von Armut ausgerichtet sein muss noch sich am Umfang einer Notlage zu orientieren hat. „Entscheidend ist nicht das Ausmaß der Mittellosigkeit, sondern der Grad der Bedrohung der Gesamtgesellschaft" (Barlösius 2019, 14). Simmel betont ferner den sozialen Prozess der Hervorbringung von Armut als gesellschaftlicher Kategorie sozialer Positionierung. Der Bedürftige oder die Mittellose wird im Akt der Annahme sozialstaatlicher Fürsorge der Klasse der Armen zugerechnet. Mehr noch: „Das Annehmen einer Unterstützung rückt also den Unterstützten aus den Voraussetzungen des Standes heraus, sie bringt den anschaulichen Beweis, dass er formal deklassiert ist" (Simmel 2019, 87 f). Damals wie heute wird Armut zu einem politischen Instrument der Steuerung und Kontrolle, ein Muster, das sich auch in anderen Zusammenhängen wie Arbeitslosigkeit oder Krankheit wiederholt. Erst die Attestierung der individuell tatsächlich vorliegenden Notlagen macht aus ihnen einen sozial wahrnehmbaren und zurechnungsfähigen Sachverhalt, ohne damit die Notlagen überwunden zu haben.

Armut nicht als ursächlich, sondern als Ergebnis staatlichen Handelns aufgrund staatlicher Deutungshoheit zu verstehen, führt in weiterer Folge zu Mechanismen der „Teilhabe unter Ausschluss" (Lessenich 2019, 17). Armenunterstützung kann versagt werden, so Simmel, weil individuelle Notlagen nicht den *gesellschaftlichen* Definitionskriterien entsprechen oder weil die Notleidenden nicht als anerkannte Mitglieder der Gesellschaft akzeptiert sind. Darin drückt sich die „Gegenseitigkeit von berechtigten Wesen" (Simmel 2019, 29) einer Gesellschaft aus.

Der Wandel dieser Gegenseitigkeit – von kirchlichen und kommunalen zu staatlichen Institutionen der Hilfe Bedürftiger – ist „im Prinzip eine gewaltige dialektische Verdrehung: Galt noch in vorausgehenden Jahrhunderten als armenfürsorgliches Prinzip ‚Wer arm ist, bekommt Unterstützung', so wurde nun daraus ‚Arm ist, wer Unterstützung bekommt'" (Dietz 1997, 46). Deutlich wird zum einen das begrenzte

öffentliche Unterstützungsangebot, denn *weil* und *obwohl* eine Person Unterstützung bekommt, ist sie arm. Zum anderen erzwingen die Teilhabebedingungen eine Unterwerfung unter nicht mitgestaltete Unterstützungskriterien. Beispielsweise orientiert sich heute die Festsetzung einer Mindestsicherung nicht an den variierenden Bedürfnissen der Empfänger:innen, sondern unter anderem an lohnpolitischen Erwägungen eines Lohnabstandsgebots.
Von Armut als einem Verhältnis zur Gesamtgesellschaft unterscheidet Simmel das *Armsein* als einem gefährdeten Verhältnis zur eigenen Schicht- bzw. Milieuzugehörigkeit. Mit „Arm ist derjenige, dessen Mittel zu seinen Zwecken nicht zureichen" (Simmel 2019, 83), ist nicht eine subjektive Befindlichkeit, sondern eine sozialstrukturelle Position angesprochen, um deren Erhaltung Sorge getragen wird. Die Einschätzung, arm zu sein oder es werden zu können, setzt ein Wissen um die eigene Schichtzugehörigkeit sowie eine Identifikation mit dieser voraus, verlangt somit eine Selbstzuschreibung anhand typischer Ressourcen und Teilhabechancen. Jeglicher soziale Wandel, wie wir ihn gegenwärtig durch die Klimakrise, die Digitalisierung und die Corona-Pandemie (global) sowie die demographische Alterung (Europa) erleben, ist zugleich eine alle Schichten und Milieus treffende Herausforderung, die erworbene und zugewiesene Position im gesellschaftlichen Gefüge zu erhalten. Armsein ist damit wie Armut eine schichtübergreifende relative Größe, die in der veröffentlichten Meinung insbesondere Angehörige der traditionellen Mittelschichten (Reckwitz 2017) als Bedrohung ihres schichtspezifischen Lebensstandards artikulieren. Damit einher gehen soziale Schließungsversuche gegenüber Schichten und Milieus mit geringeren ökonomischen, politischen und kulturellen Ressourcen und Öffnungsversuche zu den sozialstrukturell Bessergestellten (als man selbst).

(Wie) hat sich der Umgang mit Armut und verarmten Menschen bis heute gewandelt?

Individuelle Schuldzuweisungen und Zuschreibungen allgemeiner charakterlicher Schwächen als unterstellte Armutsursachen und darauf begründete

Diskriminierungs-, Stigmatisierungs- und Exklusionspolitiken stehen paradigmatisch für eine Sozialgeschichte der Armut in Europa. Die Etikettierung von Armut als prinzipiell unveränderbar hinzunehmende Tatsache durch Personen, die die von ihnen beschriebenen Verhältnisse selbst nie als Betroffene kennengelernt haben, kann als durchgängiger Versuch gewertet werden, die eigene soziale Lage und Position zu rechtfertigen und zu erhalten: Arme als Arbeitsreservoir und Abschreckungsinstanz, um den Wohlstand der Wohlhabenden zu erhalten. Status- und Positionssicherung waren dabei nicht nur ein Privileg der oberen sozialen Schichten. Mit der Einführung der Sozialversicherungen erfolgte auch eine bewusst intendierte Diskriminierung der erwerbstätigen armen Bevölkerung von der auf Unterstützung angewiesenen armen Bevölkerung. So konnte sich erstere gegenüber letzterer ‚nach unten' abgrenzen.

„Erstaunlich, aber im Grunde auch schockierend ist, wie sich Vorurteile und Ressentiments gegenüber den Armen teilweise über Jahrhunderte gehalten oder sogar verfestigt haben" (Butterwegge 2018, 86). Als durchgängiges Muster im Umgang mit Armut und armen Menschen zeigt sich dann das erfolgreiche Bemühen der jeweiligen sozialen Oberschichten, ihre gesellschaftliche Macht und Herrschaft zu erhalten. Die Funktionen von Armut haben sich dabei von der ‚Ökonomie des Seelenheils' über die von der Natur oder Gott gegebenen Unveränderlichkeit der eigenen Position im gesellschaftlichen Gefüge bis hin zur Kriminalisierung und Stigmatisierung der Armut sowie ökonomischen Ausbeutung der Armen gewandelt. Damit hat sich auch der Blick auf Armut und arme Menschen verändert; von einer ursprünglichen Ethik des Gebens – *wer arm ist, erhält Unterstützung* – zu einer paradoxen Bürokratie des misstrauischen Gewährens – *arm ist, wer Unterstützung erhält.*

Geblieben ist die Funktionalisierung von Armut, ja, sie hat sich im Laufe der Zeit sogar verschärft: von der „Barmherzigkeit als Wert, nicht Armut als Wert an sich" (Dietz 1997, 23), zu Missbrauchsverdacht, Abschreckungs- und Stigmatisierungsinstanz sowie Bedürftigkeitsrechtfertigung und Arbeitszwang. Mit der Krise des Sozialstaats und einem durch Globalisierung, Digitalisierung und fragil-resiliente Märkte sich fortsetzenden Wandel der Arbeitsgesellschaft im Zuge einer weitgehend etablierten neoliberalen Marktideologie geht ein weiterer Abbau sozialstaatlicher Leistungen und komplementärer Privatisierung sozialer Risiken einher.

So kann festgehalten werden, dass nicht nur Vorurteile und Ressentiments gegenüber Armen im kollektiven Gedächtnis erhalten geblieben sind, sondern auch deren bürokratische Umsetzung. Dietz (1997, 50) zieht ein ernüchterndes Fazit: „Die sozialstaatliche Behandlung von Armut in der Bundesrepublik mittels Sozialhilfe- und Ordnungsrecht ist ein Gemenge geronnener Elemente armenfürsorglicher und -polizeilicher Praktiken aus nahezu allen Jahrhunderten der Geschichte des Elends“. Die erwähnten Diffamierungen von Armut und armer Menschen, die sich an Stigmatisierung, Argwohn und Segregierung festmachen lassen, manifestieren sich in der Sozialhilfegesetzgebung beispielsweise Deutschlands und Österreichs bis heute. Hierzu gehören die Leistungsbemessung nach Regelsätzen, die Festlegung eines Existenzminimums, das Lohnabstandsgebot sowie die Anspruchsprüfung durch Verwaltungsbeamte. Mechanismen des Machterhalts und der sozialen Positionssicherung haben sich bis in die Gegenwart gerettet. Das zeigt sich exemplarisch am Missbrauchsverdacht beanspruchter Sozialleistungen, derer sich arme Menschen kontinuierlich und generell ausgesetzt sehen. Derselbe Verdacht wird reichen Menschen im Zusammenhang steuerhinterziehender Praktiken weder in gleichem Maße vorgeworfen noch in gleichem Maße geahndet.

Welche Erklärung gibt es für die strukturelle Verfestigung von Armut?

Bei allen Unterschieden der Armutsursachen und Verarmungsprozesse unter verschiedenen gesellschaftlichen und politischen Formen des menschlichen Zusammenlebens zeigt sich eine Konstanz der Funktionalisierung von Armut und damit ihrer vermeintlichen Daseinsberechtigung. Einen Ansatz zum Verständnis von Armut als gesamtgesellschaftlichem und von Armsein als klassen-, schicht- oder milieuspezifischem Verhältnis (Simmel) bietet Stephan Lessenich (2019) mit seiner These von der inhärenten Komplementarität von Exklusion und Inklusion, die er auch und gerade für demokratisch verfasste Gesellschaften ausmacht: „Die Geschichte der Demokratisierung ist eine Geschichte von *Teilhabe durch Ausschluss*“ (ebd., 17).

Entlang dieser sozialen Demarkationslinie sind Prozesse der Demokratisierung nicht durch ein *mehr und weniger*, sondern durch eine Dialektik der Sicherung bzw. Erzielung exklusiver Verfügungs- und Teilhaberechte charakterisiert. Daran schließen sich soziale Verteilungs- und Umverteilungsfragen an, die sich für gegenwärtige, kapitalistisch geprägte Gesellschaften aus einer Überlagerung von vier Achsen sozialer Schließungsformen erklären lassen (Lessenich 2019, 37): einer vertikalen Achse der Klassen- und Schichtunterschiede, einer horizontalen Achse der Unterschiede innerhalb der Mittel- und Unterschichten, einer transversalen Achse staatsbürgerlicher Zugehörigkeit und einer umrahmenden Achse der gesellschaftlichen Naturverhältnisse.

Jede Schließungsform – auch eine solche, die im Sinne der Demokratisierung den Kreis der Anspruchsberechtigten erweitert – produziert und reproduziert soziale Ungleichheit durch Absicherung eigener und (versuchter) Ausschluss anderer Interessen in der Verteilung gesellschaftlichen Wohlstands. In kapitalistischen Marktgesellschaften erfolgt die primäre Schließung über das Privateigentum. Wer darüber in nicht existenzsicherndem Umfang verfügt, muss arbeiten, um ein Einkommen zu erzielen. Die Teilhabechance am Arbeitsmarkt setzt Bildung voraus, die dann als abgeleitete Schließungsform fungiert (Lessenich 2019, 33 f.). Um im Wettbewerb als konvertible Währung akzeptiert zu werden, muss Bildung marktfähig und damit hochgradig standardisiert und unterscheidbar sein. Als weitere abgeleitete Schließungsformen kommen daher jene in Frage, die diskriminierungsfähig sind, wie Geschlecht, Ethnie oder Sprache.

Überlagert werden diese vertikalen Schließungsformen durch horizontale, die von Konkurrenz- und Distinktionskämpfen der Mittel- und Unterschichten um Sicherung oder Verbesserung der sozialen Position (das Armsein Simmels) geprägt sind. Diese „Berechtigungskämpfe unter Ausgeschlossenen“ (Lessenich 2019, 51) sind ihrerseits Versuche, sich über Anerkennungsfragen gegenüber Migrant:innen abzuschließen. Der Nationalstaat wird für diesen Zweck als räumlicher Container der politischen Zugehörigkeit instrumentalisiert, mit dessen Hilfe politische Teilhaberechte wie aktives und passives Wahlrecht selektiv zu- oder abgewiesen werden. Schließlich werden die eigenständigen Belange der Natur, trotz existenzieller Abhängigkeit von ihr und extensiver Inanspruchnahme, für die Erreichung der jeweiligen Teilhabeziele über alle sozialen Klassen, Schichten und Milieus hinweg externalisiert. Die strukturelle Verfestigung der Armut bleibt auch dann erhalten, wenn sich die vier Achsen oder die sozialen Verhältnisse innerhalb der inkludierten bzw. exkludierten Bereiche verschieben. So wendet auch die „neue akademische Mittelkasse“ (Reckwitz 2017) für die Durchsetzung ihrer Distinktionsansprüche das Instrument der Schließung an.

Da ihre Währung wesentlich das kulturelle Kapital ist, über die Teilhabe in Form einer „Selbstkulturalisierung des (eigenen) Lebensstils“ (ebd., 283 f.) und einer Abwertung des Lebensstils der traditionellen Mittelklasse ermöglicht wird, sind auch gut Gebildete aber prekär Beschäftigte inkludiert. Öffnungs- und Schließungsmechanismen sind insofern innerhalb sozialer Transformationsprozesse selektiv, ihr grundlegendes Prinzip bleibt jedoch bestehen. Dies zeigt sich deutlich in der politischen Bewältigung der Corona-Krise, in der Kulturschaffende ohne festes Beschäftigungsverhältnis rasch zu verarmen drohen oder tatsächlich verarmen.

Auch andere Verschiebungen wie die Entgrenzung sozialer Ungleichheit und sozialer Gleichheit (Beck und Poferl 2010; Beck 2008) bedingen eine Modifikation der Teilhabe durch Ausschluss, aber nicht eine grundsätzliche Überwindung von Schließungsmechanismen. In diesem Sinne kann die Rolle des Staates in kapitalistischen Gesellschaften als Institution des Austarierens von Interessen zwischen jenen gesehen werden, die ihre bislang gesicherte Teilhabe bedroht sehen, und jenen, die ihre bedrohte Teilhabe sichern möchten. „Die Geschichte der Entwicklung zum demokratischen Sozialstaat ist [...] die Geschichte zugleich des Kampfes der Lohnarbeitenden um Sozialeigentum [...] wie auch des Abwehrkampfes der Privateigentümer gegen die Entgrenzung des ‚sozialen Anspruchsdenkens‘“ (Lessenich 2019, 45).

Solange *Teilhabe durch Ausschluss* gesellschaftspolitisch akzeptiert bleibt, solange wird eine Funktionalisierung von Armut und Armsein und somit eine strukturelle Verfestigung fortbestehen. Einen knappen sozialhistorischen Überblick der sich wandelnden und widersprüchlichen Kontinuität funktionalisierender Armutspolitik in Deutschland bietet in Anlehnung an Dietz (1997, 53 ff.) nachfolgende Übersicht:

- 11./12. Jh.: Armut als Tauschwert, als Mittel zum Zweck und als moralischer Zustand
- 13./14. Jh.: Armut als unmoralischer Zustand
- 17. Jh.: Ausbeutung der Armen, Funktionserweiterung der Armenrepression
- 18./19. Jh.: Entmenschlichung der Arbeitskraft (Arbeitskraft als Ware)
- 19. Jh.: zunächst Zentralisierung, dann teilweise Rekommunalisierung der Armenfürsorge

- 20. Jh.: weitere Kommunalisierung der Armenfürsorge, ab Mitte des Jahrhunderts Privatisierung sozialer Risiken
- 21. Jh.: restriktive Finanzpolitik (Agenda 2010), Niedriglohnpolitik, weitere Privatisierung sozialer Risiken (Alterssicherung)

Armut und Gesellschaft

Armut ist ein gesellschaftliches Phänomen, es betrifft Kinder und Erwachsene gleichermaßen. Auch Frauenarmut bzw. ein sogenannter Gendergap ist zu beobachten. Wohnen, Bildung und Gesundheit können Ursache und Folge von Armut sein. Auch die Corona-Pandemie beeinflusst die Armut.

Wodurch ist der gesellschaftliche Umgang mit Armut gekennzeichnet?

Von Armut als zeitloser Tatsache zu sprechen, eine historische Kontinuität der Funktionalisierung von Armut zu erkennen oder Teilhabe notwendig mit Ausschluss zu denken, zeugt von einer gesellschaftlichen Behandlung von Armut, Deprivation und Exklusion, die durch Aufrechterhaltung statt Überwindung der Verhältnisse gekennzeichnet ist. Unbestritten haben die weltweite Bekämpfung extremer Armut sowie die im nationalen Maßstab bewertete relative Armut Fortschritte erzielt, ohne dass es dabei jedoch zu einer grundlegenden Veränderung der strukturellen Rahmenbedingungen gekommen ist. Abrupte wie schleichende Krisen offenbaren eine mangelnde Resilienz sowie anhaltende Vulnerabilität vor allem jener Menschen und sozialer Gruppen, die permanent mit prekären Lebensbedingungen zu kämpfen haben.

Versuche, dieses *progress paradox* (Knight 2017, 31 ff.) zu erklären, sind zahlreich und können hier nur unvollständig angedeutet werden. Eine politisch-ökonomische Erklärung der historischen Konstanz bietet Wehler (2013, 16 f.): „Die Hierarchie der Sozialen Ungleichheit wurde von ihnen [den englischen und französischen Ökonomen des 18. und 19. Jahrhunderts; A.K.] in engster Verbindung mit der historischen Natur des jeweils dominierenden Wirtschaftssystems konzeptualisiert. Daran haben auch Max Weber, Émile Durkheim und Vilfredo Pareto ebenso festgehalten wie bedeutende Sozialwissenschaftler in der zweiten Hälfte des 20. Jahrhunderts, etwa Talcott Parsons und Pierre Bourdieu. Selbst die abstrakte Systemtheorie und die Sozialphilosophie von Jürgen Habermas haben auf diesen Nexus nicht verzichtet". Mit der neoliberalen Marktwirtschaft sind deren ökonomische Prinzipien in andere gesellschaftliche Funktionsbereiche diffundiert und haben zu einer umfassenden Wettbewerbsgesellschaft geführt. Arbeit, Bildung und Gesundheit sind davon ebenso betroffen wie Medien und Wissenschaft. Messungen, Rankings und Ratings sind hierbei wichtige Instrumente für leistungsbezogene Vergleiche und Positionen im gesellschaftlichen Gefüge (Mau 2017).

Insofern ist eine Kontinuität der Funktionalisierung von Armut nur konsequent und bedarf scheinbar weiterhin keiner Rechtfertigung. An einer solchen Einschätzung haben auch schon seit Langem bestehende Forderungen nach einer Entkopplung von Erwerbsbeteiligung und sozialer Teilhabe bislang wenig geändert. Trotz wachsender Kritik am Ausmaß sozialer Ungleichheit sowie steigender und breite Bevölkerungsschichten erreichender Armutsrisiken scheint ein mehrheitlicher Konsens über die soziale Exklusion armer Menschen zu bestehen.

Dieser gesellschaftspolitische Befund zu Armut und sozialer Exklusion knüpft an Überlegungen an, die Blühdorn (2020a) im Zusammenhang der ausbleibenden sozial-ökologischen Transformation anstellt. Trotz Wissen um die schädlichen Umwelt- und Sozialauswirkungen vieler Verhaltensweisen gelingt es kaum, angemessene Anpassungs- und Veränderungsmaßnahmen demokratisch legitimiert umzusetzen. Eine „Politik der Nicht-Nachhaltigkeit" korreliert mit einer „Gesellschaft der Nicht-Nachhaltigkeit" – und dies nachhaltig. Dieser Werthaltung eines kompetitiven Individualismus liegen Mechanismen zugrunde, „[…] die immer offener die Prinzipien der Gleichheit und Gerechtigkeit in Frage stellen, Grund- und Menschenrechte aussetzen, Exklusionen organisieren und unverhohlen menschenverachtend agieren – und zwar auf der Grundlage und mit der Legitimation demokratischer Mehrheiten und deren Interpretation von *unserer Freiheit, unseren Werten und unserem Lebensstil*" (ebd., 21 f.).

Mit diesen nicht neuen Mechanismen etablier(t)en sich Strukturen wechselseitiger sozialer sowie räumlicher Abgrenzungen und abnehmender gemeinsamer Räume des Gesprächsaustausches. Vorwürfe eines sozialschädigenden Verhaltens werden klassenspezifisch geäußert und zugeschrieben, und überwiegend medial ausgetragen. Diese Konstellation erschwert nicht nur eine auf Empathie und Fairness gründende Bewältigung bisheriger Armutsursachen und deprivierender Lebensumstände, sondern auch künftige Bemühungen eines nachhaltigen Lebensstils, der Konsumverzicht, weniger Abfall, motorisierten Individualverkehr und Bodenversiegelung nicht mit einer Verarmung bisheriger Lebensqualität gleichsetzt und sich für mehr gemeinsame Tätigkeiten stark macht.

Was sind Ursachen und Folgen von Kinderarmut?

„Kinderarmut ist seit Jahren ein ungelöstes strukturelles Problem in Deutschland", so das Fazit einer Studie der Bertelsmann Stiftung (2020b). Auf der Grundlage einer kombinierten Armutsmessung, die die relative Einkommensarmut und den Bezug von SGB II berücksichtigt, leben etwa 2,4 Millionen Kinder unter 15 Jahren in Armut – das sind 22 Prozent aller Kinder (hinzu kommen 400.000 Jugendliche zwischen 15 und 18 Jahren). Auch wenn die Werte der von Armut betroffenen Kinder je nach Datenquelle und Definition stark variieren (Hübenthal 2018, 109 f.), so ist dennoch im Zeitverlauf der letzten Jahre eine strukturelle Verfestigung unverkennbar (→ Tabelle 3). Hervorzuheben ist zudem die hohe räumliche Varianz zwischen West- (13,1 Prozent) und Ost- (16,9) sowie zwischen Süd- (z. B. Bayern 6,3) und Norddeutschland (z. B. Schleswig-Holstein 15,1; die Stadtstaaten weisen nochmals deutlich höhere Werte auf). Ferner sind Kinder, die mit einem Elternteil (meistens der Mutter; 45,2 Prozent) oder mehreren Geschwistern aufwachsen (30,7 Prozent in Haushalten mit drei und mehr Kindern), von Armut besonders betroffen (Bertelsmann Stiftung 2020b).

	2008	2013	2018
Einkommensarmut	8,7	10,8	6,6
SGB-II-Bezug	5,7	4,5	4,0
Einkommensarmut und SGB-II-Bezug	8,4	8,9	11,3

Tab. 3: Kinderarmut nach Einkommen (Armutsgefährdungsschwelle) und SGB-II-Bezug in Deutschland in Prozent
Quelle: Bertelsmann Stiftung 2017 und 2020a

In Österreich sind 2019, auf das Einkommen inklusive der Zahlung von Sozialleistungen bezogen, 14,8 Prozent aller Kinder bis 17 Jahre armutsgefährdet. Diese Altersgruppe liegt damit leicht über dem Gesamtdurchschnitt von 13,3 Prozent. Bezogen auf alle armutsgefährdeten Personen sind es knapp 20 Prozent (bemerkenswerterweise liegt der Anteil der Alterskohorte von 18 bis 34 Jahre mit 24,4 Prozent deutlich höher) (Statistik Austria 2020c).

Kinderarmut lediglich quantitativ zu vermessen, greift zu kurz. Auch ihre Messung über die Armutsgefährdungsquote ist problematisch, da implizit davon ausgegangen wird, das verfügbare Haushaltseinkommen würde allen Haushaltsmitgliedern in gleichem Umfang zur Verfügung stehen. Die Möglichkeiten von Kindern, sich entsprechend ihrer Fähigkeiten, Bedürfnisse und Wünsche zu entfalten, hängen wesentlich von den finanziellen Verhältnissen ihrer Eltern ab, und diese wiederum von der Integration in den Arbeitsmarkt. Neben der Familie sind die weiteren Verwirklichungschancen von institutionellen (wohlfahrtstaatlichen) und infrastrukturellen (Kindergarten, Schule, Vereine etc.) Angeboten und deren Zugangsmöglichkeiten beeinflusst. Nicht unterschätzt werden darf auch der gesellschaftliche Umgang mit (Kinder-)Armut: „Kinder leiden nicht nur besonders [...] unter Einschränkungen, denen ihre Familien ausgesetzt werden, sondern auch viel mehr als die Erwachsenen unter der zunehmenden Polarisierung einer Gesellschaft, die noch für lange Zeit ihren Lebens- und Gestaltungsraum darstellt“ (Butterwegge 2011, 91; ferner Chassé 2010). Ein am *Capability Approach* und den UN-Kinderrechten orientierter Ansatz widmet sich aus diesem Grund dem Wohlbefinden von Kindern (Brando und Schweiger 2019; Holz 2018).

Mit der wohlfahrtsstaatlichen Perspektive auf Kinderarmut rücken – in Deutschland und Österreich – die beitragsfinanzierten Sozialleistungen und die Familie als sozialpolitischer Anknüpfungspunkt in den Mittelpunkt der Betrachtung. Entsprechend werden die zunehmenden prekären Beschäftigungsverhältnisse, die abnehmende Bedeutung des traditionellen Familienmodells und der sukzessive Abbau sozialstaatlicher Leistung im neoliberalen Wirtschaftssystem als Ursachen steigender Kinderarmut seit den 1980er-Jahren verantwortlich gemacht. Als gegensteuernde Maßnahmen werden unter Bezugnahme auf den Sozialinvestitionsansatz von Esping-Andersen ein Ausbau von kinderfördernder Infrastruktur und eine verstärkte Einbindung von Müttern in den Arbeitsmarkt favorisiert. Das dahinterstehende Ziel ist die Förderung von Humankapital als volkswirtschaftlichem Wettbewerbsvorteil.

Kritik erfährt dieses Verständnis einer Bekämpfung von Kinderarmut durch die Funktionalisierung der Kinder nach ihrer „[...] gesellschaftlichen Nützlichkeit bei gleichzeitige Missachtung ihrer eigenständigen Anspruchsrechte und Bedürfnisse als Gesellschaftsmitglieder [...]“ (Hübenthal 2018, 113). Andererseits bleibt auch die Kritik am konservativen Wohlstandsmodell nicht unwidersprochen. Verantwortlich für Kinderarmut sei nicht primär der Staat, sondern die Familie. Unter Verweis auf Paul Nolte (2004) heißt das: „Kinderarmut ist für ihn das Problem der Eltern einer verantwortungslosen ‚neuen Unterschicht‘“ (ebd.). Die Aufgabe des Staates sieht Nolte in einer Verhaltensregulierung verarmter Haushalte. Der Kritik am aktivierenden neoliberalen Wohlfahrtstaat stellt Hübenthal (ebd.) in Anlehnung an Stephan Lessenich (2008) einen „neosozialen Wohlfahrtsstaat“ entgegen, „[...] der sich neben spezifischen Leistungskürzungen vor allem durch eine immer stärkere ‚Kolonialisierung der Lebenswelt‘ (Habermas) des Einzelnen und dezidierte Einforderungen von Gemeinwohlbeiträgen auszeichnet“. Hebel für eine Überwindung von aus der Außenwahrnehmung überlieferten

Vorstellungen, die Haushaltsarmut kausal mit mangelnder Verantwortung und Vernachlässigung der Kinder gleichsetzen oder im staatlichen Paternalismus die alleinige Lösung sehen, wäre, Kinder zugleich als eigenständige und von Umweltbedingungen besonders abhängige Persönlichkeiten zu verstehen. Ein tatsächlich kostenloser und uneingeschränkter Zugang zu Bildungs- und Sozialeinrichtungen öffnet hierfür den nötigen Spielraum, der durch weitere flankierende Einkommensmaßnahmen zu erweitern ist.

Videotipps | Was sind Ursachen und Folgen von Kinderarmut?
https://www.youtube.com/watch?v=u8cEAif91Kw
https://www.youtube.com/watch?v=D_2wsAqe_B8

Arm im Alter – wie kann es dazu kommen?

Wie für Kinder und Jugendliche hängt für ältere Menschen, die noch oder nicht mehr im Berufsleben stehen, der Grad ihrer Selbstbestimmung von Bedingungen ab, die sie nicht selbst beeinflussen können. Während gesellschaftliche Einstellungen, infrastrukturelle Ausstattung und sozialpolitische Leistungen im einen Fall die künftigen Lebenschancen maßgeblich beeinflussen, sind es im Fall älterer Menschen die vergangenen Wechselwirkungen der Familien-, Bildungs-, Erwerbs-, Migrations- und Sozialversicherungsbiographien. „Das Thema der Altersarmut ist daher angemessen nur zu verstehen als kalendarisch späte Ablagerung der Entwicklungsmuster des Lebenslaufs“ (Schulz-Nieswandt 2016, 27).

Neben der Aussicht auf eine Erbschaft und der Migrationsbiographie wird im deutschen Wohlfahrtsstaatssystem das Risiko von Altersarmut wesentlich durch die Integration in den Arbeitsmarkt bestimmt, weil sich aus ihr der beitragsfinanzierte gesetzliche Rentenanspruch ableitet. Wer nicht hinreichend lange und möglichst in Vollzeit beschäftigt war und in einem dem traditionellen Familienmodell entsprechenden Haushalt gelebt hat, drohen Abschläge im Alter. Geringes Einkommen, Teilzeitbeschäftigung, Arbeitslosigkeit und/oder eine Unterbrechung der Beschäftigung aufgrund der Kindererziehung sowie der Pflege Angehöriger, längere Ausbildungszeiten und Krankheit – all diese und weitere, nicht ungewöhnlichen Brüche im Lebenslauf determinieren ein geringes Alterseinkommen. Davon sind vor allem Frauen und Migrant:innen betroffen. Weitere materielle Verarmungsrisiken drohen im Alter aufgrund steigender Wohn- und Lebenshaltungskosten sowie zunehmender Mobilitäts- und krankheitsbedingter Kosten (Vogel und Künemund 2018, 147 f.; Kricheldorff 2010, 75 ff.).

Infolge der Rentenreform von 2001 wurde u. a. eine Absenkung des Rentenniveaus von knapp 48 Prozent (2004) auf 43 Prozent bis 2030 beschlossen. Kompensiert werden soll diese durch eine kapitalgedeckte Teilprivatisierung der Altersvorsorge, die sich Personen mit geringem Einkommen kaum bzw. nicht leisten können. Seit 2011 erwerben Menschen, die Hartz IV beziehen, zudem keine Rentenansprüche mehr, so dass auch hierdurch die Abhängigkeit von Sozialleistungen steigt (Hensel 2016, 11). Die stufenweise Erhöhung des Renteneintrittsalters von 65 auf 67 Jahre (für die Regelaltersrente) erscheint vor dem Hintergrund der demographischen Alterung eine angemessene Maßnahme. Da aber die Lebenserwartung mit der beruflichen Tätigkeit und der Einkommenshöhe korreliert, verletzt eine pauschale Erhöhung das Prinzip der Verteilungsgerechtigkeit – einkommensarme Menschen beziehen ihre Rente etwa nur halb so lange wie einkommensreiche Menschen (Butterwegge 2011, 93).

Von einem armutspolitischen Erfolg des bisherigen Systems sprechen Vogel und Künemund (2018, 15) „[...] nicht nur in Bezug auf die Gesundheitssituation, das Wohnen und das Einkommen [...], sondern auch in Bezug auf die gesellschaftliche Partizipation, soziale Integration und die familialen Beziehungen insgesamt“. Auch wenn mit der Individualisierung sozialer Risiken durch Rürup- und Riester-Rente das Solidarprinzip der Altersvorsorge ausgehebelt wurde, wäre auch eine Fortsetzung des bisherigen Systems keine angemessene Antwort auf die gesellschaftlichen Veränderungen. Diese äußern sich in einer abnehmenden Integrationsfähigkeit des regulären Arbeitsmarktes (u. a. durch Digitalisierung), einer Pluralisierung von Familien- bzw. Haushaltsmodellen und Erwerbsbiographien, zunehmender Erwerbsbeteiligung von Frauen und einer Alterung der Gesellschaft.

Wird für die Messung von Altersarmut der Bezug von ‚Grundsicherung im Alter‘ (nach SGB XII) als Indikator herangezogen, so zeigt sich für den Zeitraum 2006 bis 2018 ein Anstieg von 2,6 auf 3,3 Prozent bei den Frauen und von 1,8 auf 3,1 Prozent bei den Männern (bpb 2020b). Der niedrige Wert suggeriert ein geringes Problem mit Altersarmut. Berücksichtigt man jedoch den absoluten Betrag von derzeit 432 Euro im Monat, die bürokratischen Hürden und Verrechnungsmodalitäten mit anderen Einkommen sowie die Nichtinanspruchnahme aus Gründen der Scham, wird deutlich, dass mit diesem Indikator eine grobe Unterschätzung des Problems einhergeht. Der

Grundsicherungsbetrag liegt weit unter der Armutsgefährdungsschwelle von 1.074 Euro, daher „[…] stellt die Grundsicherung keinen Schutz vor Armut dar; sie ermöglicht keine ausreichende gesellschaftliche Teilhabe – und erhöht insofern das Risiko sozialer Ausgrenzung […]“ (Kümpers und Alisch 2018, 599).

Unter Zugrundelegung der Armutsgefährdungsquoten liegen die Werte für die älteren Frauen (65+) über dem Durchschnitt aller Frauen, für die älteren Männer leicht unter deren Gesamtdurchschnitt. Die Rentenreform zeigt ihre problematische Wirkung im Zeitverlauf: Bei den älteren Frauen ist die Quote in Westdeutschland zwischen 2006 und 2019 um 5,8 Prozentpunkte, bei den älteren Männern um 4,5 Prozentpunkte gestiegen. In Ostdeutschland lag die Steigerung bei 4,5 Prozentpunkten bei den Frauen und 7,0 Prozentpunkten bei den Männern (bpb 2020b). Zum Vergleich: In Österreich sind 2019 18 Prozent aller armutsgefährdeten Menschen älter als 64 Jahre; ältere Frauen sind mit 29 Prozent an allen Frauen etwa doppelt so häufig armutsgefährdet wie ältere Männer mit 15 Prozent an allen Männern (Statistik Austria 2020b).

Videotipps | Arm im Alter – wie kann es dazu kommen?
https://www.youtube.com/watch?v=PILIdRTvo4Q
https://www.youtube.com/watch?v=hM8_sgLTa-8

Mehr zu Armut und Einsamkeit:
https://www.youtube.com/watch?v=LDM0XmqJ84A

Wodurch bedingen sich Armut und Migration?

Während für Kinderarmut die Haushaltssituation – die Beschäftigungsverhältnisse und Einkommenshöhe der Eltern, die Anzahl der Geschwister und die Haushaltszusammensetzung – den externen Rahmen vorgibt, ist dies für Altersarmut das institutionelle Arrangement aus Beschäftigungsdauer, geschlechtlichen Zuschreibungen, rechtlichen Vorgaben und biographischen Verlaufsmustern. Armut unter Migrant:innen ist demgegenüber maßgeblich von gesellschaftlichen Werthaltungen abhängig, die sich in Integrationsansprüchen, sozialer Herkunft, ethnischen Diskriminierungen oder der Anerkennung von Bildungstiteln äußern. Haushalte, Institutionen und

Nationalstaaten sind insofern die jeweils relevanten Anknüpfungspunkte für Fragen der In- und Exklusion.

So unterschiedlich Migrationsursachen, -formen, -motive und -dynamiken sind, so heterogen ist die migrantische Bevölkerung. Migrationsbedingter Armut liegen, trotz dieser Heterogenität, dennoch bestimmte strukturelle Benachteiligungen zugrunde, die sich empirisch in höheren Armutsgefährdungsquoten belegen lassen (→ Tabelle 4).

Zu den zentralen integrationshemmenden, armutsfördernden Hürden zählen der Arbeits- und Wohnungsmarkt, die Integration in das Bildungs- und Gesundheitssystem sowie die Möglichkeiten breiter politischer Teilhabe (Boeckh 2018, 553 ff.). „Die Integration in den Arbeitsmarkt ist in einer Gesellschaft, die auf die Erwerbsarbeit gründet, nicht nur eine der zentralen Teilhabegrößen. Denn die Exklusion vom Arbeitsmarkt bedeutet nicht nur den Verlust von Einkommen, sie wirkt im Selbstverständnis der Migrantinnen und Migranten viel tiefer als ein Symbol dafür, nicht als zugehöriges Mitglied dieser Gesellschaft akzeptiert zu sein“ (ebd., 554). Prekäre Beschäftigungsbedingungen sorgen zudem für geringere Sozialleistungen mit erhöhten Risiken für Familien- und Altersarmut. Ausgrenzung von (höheren) Bildungseinrichtungen, exklusiven Wohngegenden, Gesundheitsdienstleistungen und der Ausübung aktiven und passiven Wahlrechts (ausgenommen ist nur die lokale und EU-Ebene) fördern eine sich verstärkende Rückkopplung von Fremd- und Selbstausgrenzung.

	Personen mit Migrationshintergrund	**Personen ohne Migrationshintergrund**
insgesamt	27,8	11,7
Frauen	28,2	12,7
Männer	27,3	10,7
unter 6 Jahre	34,1	11,7
6 bis 14 Jahre	33,3	11,9
15 bis 17 Jahre	34,3	13,1
18 bis 24 Jahre	35,1	21,2
25 bis 34 Jahre	24,9	11,3
35 bis 44 Jahre	23,1	8,8

45 bis 64 Jahre	21,4	9,5
65 Jahre u. mehr	33,4	13,2
mit eigener Migrationserfahrung	30,0	X
ohne eigene Migrationserfahrung	23,8	X

Tab. 4: Armutsgefährdungsquoten von Migrant:innen in Deutschland 2019
Quelle: bpb 2020c

Bei der Bewertung der wechselseitigen Integrationserwartungen und damit zusammenhängender Leistungen darf nicht vergessen werden, dass nicht unerhebliche Kosten auch auf Seiten der migrierenden Personen aufgebracht werden (müssen). Migration „[…] ist mit finanziellen Aufwendungen und oftmals mit dem Verlust an Bildungskapital […] und an sozialem Kapital verbunden“ (Janßen und Bohr 2018, 155).

Trotz sichtbarer Symptome und politischer Willensbekundungen – so ist im Verständnis der EU Integration als „[…] dynamischer, langfristiger und anhaltender, in beide Richtungen gehender Prozess des gegenseitigen Entgegenkommens […]“ (zit. in Boeckh 2018, 542) zu sehen – fällt die Umsetzung konkreter armutspräventiver und armutsbekämpfender Maßnahmen schwer. Eine Ursache liegt in der gleichzeitigen Entgrenzung sozialer Gleichheit und Ungleichheit begründet. Danach kann Armut als Folge einer kontinuierlichen Aufrechterhaltung von Exklusionsmechanismen verstanden werden, die dazu dienen sollen, wohlfahrtsstaatliche Leistungen an das Prinzip monetärer Reziprozität zu binden und die Konkurrenz um diese Leistungen selektiv zu reduzieren. Mit anderen Worten erhalten Sozialleistungen nur jene Personen, die vorher Beiträge eingezahlt haben, was wiederum die Möglichkeit, regulärer Erwerbsarbeit nachgehen zu können, voraussetzt. Vielen Migrant:innen, insbesondere geflüchteten Menschen und Asylwerber:innen, ist diese Möglichkeit verwehrt. Nicht zuletzt vor diesem Hintergrund ist armutspräventive Migrationspolitik eine wichtige Zukunftsaufgabe, leben in Deutschland doch heute bereits 38 Prozent aller Kinder bis sechs Jahre mit einem Migrationshintergrund (in den Altersgruppen 13 bis 15 Jahre sind es 34 Prozent, und 16 bis 17 Jahre 31 Prozent).

Videotipps | Wodurch bedingen sich Armut und Migration?
https://www.youtube.com/watch?v=52OloYnMe4Y&t=217s
https://www.youtube.com/watch?v=TCTQXSvl6Mg

Warum bestehen *Gendergaps* und Frauenarmut bis heute fort?

In der Beschreibung, Erklärung und Bewertung von Frauenarmut überlagern sich in höherem Ausmaß als in den drei vorherigen soziodemographischen Armutskontexten die externen Abhängigkeiten der Frauen von Haushaltsstrukturen, politisch-institutionellen Arrangements und gesellschaftlichen Werthaltungen. Betzelt (2018, 167 f.) verweist auf drei zentrale geschlechtsspezifisch strukturierte Armutsrisiken.

Armutsrisiken von Frauen werden über die Messung der Armutsgefährdungsquoten nur unzureichend abgebildet, da „[…] der Haushaltsbezug geschlechterspezifische, strukturell bedingte Armutsbetroffenheit und Armutsrisiken verschleiert […]" (Betzelt 2018, 166). Es wird theoretisch angenommen, dass das Haushaltseinkommen allen Mitgliedern gleichermaßen zur Verfügung steht. Diese Annahme hält einer empirischen Prüfung jedoch nicht stand (ebd., 166). Der Lebenslagenansatz ist aufgrund seiner die unterschiedlichen Handlungs- und Verfügungsspielräume inkludierenden Betrachtungsperspektive geeigneter, Gendergaps zu erheben. Diese bestehen nach wie vor in der sozialen Sicherung (Altersarmut), den Beschäftigungsformen (Teilzeit), dem zu Männern vergleichbaren Einkommen und der Verteilung von Produktions- und Reproduktionsarbeit (Mogge-Grotjahn 2018). Über all diesen sozialen Gendergaps existiert ein umfassender methodisch wie analytisch problematischer *Gender Data Gap* (Criado-Perez 2020).

- *Reproduktionsarbeit*: Während produktiven Tätigkeiten ein zu entlohnender unmittelbarer Mehrwert zugesprochen wird, erfüllen reproduktive Tätigkeiten einen Erhaltungswert, dessen Mehrwert sich mittelbar entfaltet. Frauenarmut ist durch geschlechtlich ungleiche Verteilung der Care-Arbeit und dadurch bedingte höhere

Teilzeitbeschäftigung und geringere soziale Absicherung gekennzeichnet.
- *Erwerbsarbeit*: Innerhalb des Lohnarbeitsmarktes erfahren Frauen durch geringere Entlohnung bei vergleichbarer Tätigkeit und Qualifikation (Gender-Pay-Gap) eine unmittelbare Diskriminierung. Mittelbar diskriminierend wirken eine geringere (auch finanzielle) gesellschaftliche Wertschätzung für und stereotype Zuordnung zu bestimmten Berufen sowie eine Einstellungs- und Beförderungspraxis, insbesondere in Führungspositionen.
- *Wohlfahrtsstaatsregime*: Das konservative, familienzentrierte Modell Deutschlands bedingt eine unzureichende Ausstattung mit sozialer Infrastruktur in pädagogischen und pflegenden Bereichen. Das Äquivalenzprinzip der Sozialversicherung („wer mehr einzahlt, erhält mehr") entwertet Teilzeitbeschäftigung und verursacht geringere Rentenansprüche. Mit der Hartz-IV-Reform ist durch die vollkommene Anrechnung des Partnereinkommens bei der sozialen Grundsicherung die Abhängigkeit von Frauen gestiegen.

Mit knapp 43 Prozent aller Personen sind Alleinerziehende besonders armutsgefährdet, rund 90 Prozent von ihnen sind dabei Frauen (Stand 2019). Und dies, obwohl ein hoher Anteil von ihnen erwerbstätig ist. Alleinerziehende (Frauen und Männer) sind häufiger als andere Haushaltsformen auf Hartz-IV-Leistungen angewiesen – sie stellen ein Drittel aller Leistungsbeziehenden (Betzelt 2018, 171). Innerhalb dieser Gruppe bilden mit 50 Prozent Migrantinnen die größte Gruppe verarmter Frauen.

Die geschlechtsspezifische Ungleichheit zeigt sich auch im Niedriglohnsektor mit Bruttostundenlöhnen von maximal 11,40 Euro (entspricht zwei Drittel des Medians, für 2018). Etwa 28 Prozent der beschäftigten Frauen arbeiten im Niedriglohnsektor, verglichen mit etwa 16 Prozent der beschäftigten Männer (Bertelsmann Stiftung 2020c). Hohe Beschäftigungsquoten in Branchen, die nur geringe Stundenlöhne zahlen (Gastronomie, Pflege, Einzelhandel), sind eine der Ursachen für diese Ungleichheit.

Die Nachhaltigkeit konservativer Rollenmuster manifestiert sich eindrücklich in einer schleichenden „Retraditionalisierung" des klassischen männlichen Haupternährermodells in den ostdeutschen Bundesländern, in denen bis zur Wiedervereinigung das Modell mit zwei vollzeitbeschäftigten Eltern vorherrschte. Dieses Modell ist von 75 Prozent (1996) auf 49 Prozent

(2010) zugunsten des „modernisierten männlichen Ernährermodells" (der Mann in Vollzeit, die Frau in Teilzeit tätig) zurückgegangen. Dieses nahm im gleichen Zeitraum von 24 auf 46 Prozent zu (Betzelt 2018, 173).

Für die Verwirklichungschancen von Frauen im Allgemeinen, und den von Armut und Exklusion betroffenen Frauen im Besonderen, ist dem Plädoyer von Caroline Criado-Perez (2020, 198) daher uneingeschränkt Nachdruck zu verleihen: „Frauen haben schon immer gearbeitet. Bezahlt, unterbezahlt, ohne Wertschätzung und unsichtbar, aber sie haben immer gearbeitet. Doch moderne Arbeitsplätze funktionieren für Frauen nicht. Von den Orten über die Arbeitszeiten bis hin zu regulatorischen Standards wurden diese Arbeitsplätze an der Lebenswirklichkeit von Männern ausgerichtet [...]. Die Arbeitswelt muss [...] umgestaltet werden, und zwar im Hinblick auf Regeln, Ausstattung und Kultur. [...] Die bezahlte und unbezahlte Arbeit von Frauen ist das Rückgrat unserer Gesellschaft und Wirtschaft. Es ist an der Zeit, sie entsprechend wertzuschätzen".

Videotipps | Warum bestehen Gendergaps und Frauenarmut bis heute fort?
https://www.youtube.com/watch?v=hlDZ3Sh2q70
https://www.youtube.com/watch?v=wRsqIPTgy5M

Wie hängen Armut und Wohnen zusammen?

Wohnen, Bildung und Gesundheit unterliegen, neben ihrer Erfüllung grundlegender Bedürfnisse, einer zunehmenden Kommodifizierung, d. h. Wohnraum, Bildungstitel und Körper dienen als Ressourcen zur Akkumulation von ökonomischem, kulturellem und sozialem Kapital. Damit verschieben sich soziale Teilhabechancen wie auch individuelle Vermögenswerte in Funktionsbereiche, die von wirtschaftlichen Verwertungsinteressen bislang weniger stark vereinnahmt wurden.

Die Wohnung bzw. die Funktion Wohnen ist durch eine Überlagerung von Wandel und Kontinuität gekennzeichnet. Nach einer Phase der Auslagerung von Tätigkeiten – vor allem der Arbeit, zunehmend auch der Erholung und der Versorgung – seit der Industrialisierung findet mit der Digitalisierung und jüngst den Maßnahmen zur Eindämmung der SARS-CoV-2-Ausbreitung wieder eine Reintegration dieser Funktionen statt. Weitgehend unverändert geblieben ist die Ausrichtung der Wohnungsarchitektur am traditionellen Modell der zweigenerationellen Kleinfamilie – und dies, obwohl Familien- und Haushaltsstrukturen vielfältiger geworden sind.

Die Kommodifizierung der Wohnung zum Rendite- und Vorsorgeobjekt hat weltweit zu einem Preisanstieg des Wohnens geführt, der weit über dem Anstieg der Einkommen und allgemeinen Lebenshaltungskosten liegt. Als konkretes lokales Beispiel sei auf die Stadt Salzburg verwiesen (→ Abbildung 3).

Die abnehmende Leistbarkeit von Wohnraum entfacht einen unwürdigen Konkurrenzkampf um ein Gut, das ein existenzielles Grundbedürfnis nach Schutz, Privatsphäre und sozialer Teilhabe gewährleisten soll. Egoismus und Exklusion einkommensarmer, zunehmend auch durchschnittlich gutverdienender Haushalte sind die Folgen neoliberalisierter Wohnungsmärkte.

In Deutschland sind die durchschnittlichen Wohnkosten (inkl. Energie und Wohnungsinstandhaltung) zwischen 2009 und 2019 um 23 Prozent gestiegen. 2019 lagen sie bei 890 Euro und damit bei knapp 35 Prozent der gesamten privaten Konsumausgaben (Destatis 2021b).

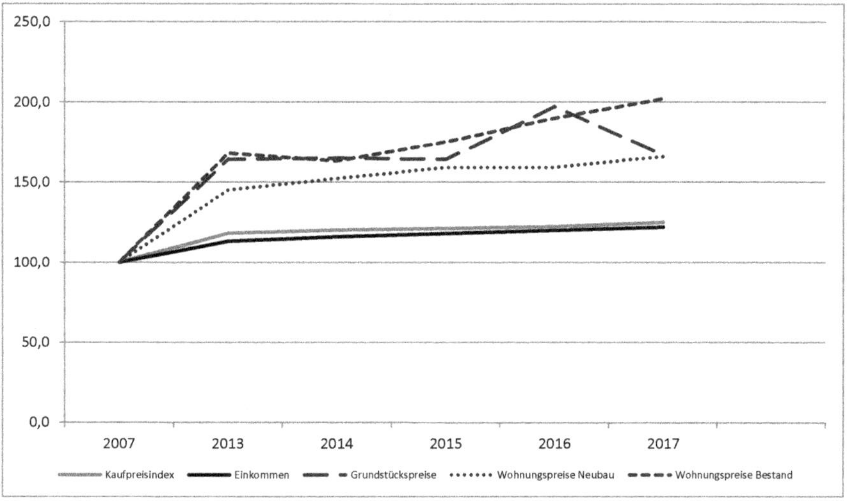

Abb. 3: Entwicklung der Grundstücks- und Wohnungspreise im Vergleich der Einkommen und Verbraucherpreise (mit 2007 = 100 Prozent)

Quelle: in Anlehnung an Hölzl & Hubner Immobilien GmbH 2019; Stadt Salzburg 2019

Flankiert wird diese Entwicklung von einer Anpassung der Wohnungspolitik an die Logik der Kapitalverwertung. „Die Wohnungspolitik zielte in den letzten Jahrzehnten nicht länger auf die breiten Bevölkerungsschichten, sondern auf diejenigen, die sich nicht selbst versorgen können, und dabei kaum noch auf die Objektförderung (in Form der Bereitstellung von günstigen Wohnungen), sondern auf die Subjektförderung (in Form von Wohngeld für Begünstigte)" (Spellerberg und Giehl 2018, 272; ferner Schönig und Vollmer 2020; Holm 2014). Die Stützung des kapitalistischen Wohnungsmarktes mit sozialpolitischen Mitigationsversuchen ist dabei ein teures Unterfangen: 2016 beliefen sich in Deutschland allein die Kosten für Wohngeld nach SGB II und SGB XII auf rund 15 Milliarden Euro (Spellerberg und Giehl 2018, 278). Erst in den letzten Jahren beginnen sich in den urbanen Zentren wohnungspolitische Ansätze durchzusetzen, die darauf abzielen, den Anstieg der Mietkosten sowie der Boden- und Kaufpreise zu dämpfen (u. a. Mietendeckel, Mietpreisbremse).

Neben steigenden Wohnkosten erhöhen Beschränkungen des Zugangs zu Wohnungsmärkten das Armutsrisiko. Hierzu gehören langfristig gesicherte Beschäftigungs- und normkonforme Haushaltsverhältnisse sowie ein rechtlich abgesicherter Aufenthaltsstatus. Auch stetig zunehmende Wohnnebenkosten (Kaution, Betriebskosten) gefährden eine Integration von Haushalten mittlerer und niedriger Einkommen in diesen Markt.

Obwohl ein gesellschaftlicher Konsens über die Bedeutung der Wohnung zur Deckung eines elementaren Bedürfnisses angenommen werden kann, erschweren ökonomische Interessen von privater wie öffentlicher Seite ihre nachhaltige Befriedigung. Markant tritt dieser Konflikt bei Wohnungs- und Obdachlosigkeit auf, der sich zudem in einer stigmatisierenden Wahrnehmung obdach- und wohnungsloser Menschen äußert (Busch-Geertsema 2019, 206 f.; Gerull 2019, 220 f.; Gerull 2015, 310 f.). In Deutschland und Österreich ist – bedingt durch die Wirtschafts- und Finanzkrise, die Zunahme geflüchteter Menschen und aktuell die Pandemiekrise – die Zahl der Wohnungslosen in den letzten Jahren stark gestiegen. Die Bundesarbeitsgemeinschaft Wohnungslosenhilfe schätzt für 2018 (aktueller Stand), dass 678.000 Menschen dauerhaft eine Wohnung fehlt; darunter befinden sich 441.000 anerkannte Geflüchtete. Dieser Wert beziffert die *Jahresgesamtzahl*, die den Verlauf von Zu- und Abgängen über ein Jahr wiedergibt. Sie liegt höher als die *Stichtagszahl* von 542.000 Wohnungslosen und bildet das „gesellschaftliche Ausmaß des Problems besser ab" (BAG W 2019; ferner Dittmann und Drilling 2018). In Österreich lebten 2018 23.345 registrierte

Obdach- und Wohnungslose (BAWO 2020). Besonders dramatisch ist das hohe Übersterblichkeitsrisiko Wohnungsloser, das nach einer Studie von Till (2019) bei Männern 20 Jahre beträgt – d.h. im Schnitt sterben wohnungslose Männer 20 Jahre früher als nicht wohnungslose Männer.

Angesichts dieser Befunde ist es gesellschaftlich beschämend, noch keine dauerhafte Lösung der Wohn(ungs)probleme gefunden zu haben. Ansätze wie *Housing First* (Housing-First-Fonds 2018) oder die pandemiebedingte Nutzung leerstehender Hotels (Laskus 2021) sind Hoffnungsschimmer auf dem Weg einer unmittelbare Notlagen überwindenden nachhaltigen Wohnungspolitik.

Videotipps | Wie hängen Armut und Wohnen zusammen?
https://www.youtube.com/watch?v=S7KT12cVhqs&t=2s
https://www.youtube.com/watch?v=dDyreOlAT5A

Wie beeinflussen sich Armut und Bildung?

Wie Wohnen unterliegt auch Bildung einer Funktionalisierung ihres Wertes, der sich heute an Kriterien der Verwertbarkeit von Abschlüssen auf Bildungs- und in weiterer Folge Arbeitsmärkten bemisst. Der Bildungstitel als Ware dient als Eintrittskarte für wirtschaftliche Integration und gesellschaftliche Inklusion. Bildungsarmut ist aus diesem Blickwinkel „Zertifikatsarmut" und „Ausbildungsarmut" (Kohlrausch 2018, 180), an der sich mangelnde Beschäftigungsfähigkeit ablesen lassen soll.

Historisch betrachtet ist die Funktionalisierung der Bildung nicht neu. Während sie im Mittelalter innerhalb der Stände- und Zunftordnungen zwischen den Generationen der Familie inklusiv blieb, galt dies im ‚aufgeklärten' Bürgertum über eine erweiterte Institutionalisierung des Bildungswesens (Gymnasium, Universität) für die höheren sozialen Schichten und Männer. „Frauen waren von [den Institutionen höherer Bildung, A.K.] per Gesetz so selbstverständlich ausgeschlossen, wie die unteren Schichten, denen vor allem das Schulgeld und die Zeit fehlten" (Kuhlmann 2018, 434).

Der Warenwert der Bildung legitimiert sich zum einen über die Erlangung und Absicherung der eigenen Position im sozialen Gefüge der Gesellschaft, und zum anderen in der diskriminierenden Erfahrung sozialer Schicht- oder Klassenzugehörigkeit. In marktwirtschaftlich organisierten Gesellschaften setzt dies eine Konkurrenz um Schulabschlüsse unter Bedingungen der Knappheit von (höher) qualifizierenden Zertifikaten voraus. Mit dem Aufbruch aus den gewohnten sozialstrukturierenden Mechanismen – wie der Bildungsexpansion auf Gymnasien und Universitäten seit den 1970er-Jahren in Deutschland – wurde und wird mit neuen Inklusionsprivilegien wie Privatschulen, bildungsräumlicher Segregation, zusätzlichen Qualifikationen (Sprachen, Praktika und Auslandsaufenthalten) oder prestigeabhängigen Abschlüssen reagiert. Eine sozialpolitische Individualisierung, die einseitig auf die Förderung des Humankapitals setzt, trägt zur Aufrechterhaltung des Wettbewerbsgedankens eines menschenrechtlich verankerten Grundbedürfnisses bei. „Das Setzen auf Bildung hat dementsprechend den Zenit seiner integrativen Wirkung längst überschritten und bedarf dringend der Korrektur durch die Rückbesinnung auf die Unausweichlichkeit von marktkorrigierendem und nachmarktlichem sozialem Ausgleich“ (Münch 2015, 72; ferner Liessmann 2017, 49). Zudem kann der Arbeitsmarkt aufgrund seiner Regulierungsstrukturen die mit dem Tauschwert von Qualifikationen verbundenen Erwartungen nicht adäquat erfüllen.

Im Zusammenhang der Erhaltung schichtspezifischer Zugehörigkeitsprivilegien und entsprechender Abgrenzungsbemühungen gewinnt zertifizierte Bildung als kulturelles Kapital ihre differenzierende Relevanz. Besonders seine Währungseinheiten des *inkorporierten* und *institutionalisierten* Kapitals rücken in den Blick der Kritik (Kuhlmann 2018). Nicht der Habitus einer Person an sich, mit seinen Grenzen des Ein- und Ausschlusses, ist dabei das Problem, sondern die Berufung auf die „soziale Vererbbarkeit“ persönlicher Fähigkeiten und ihre institutionalisierte Festschreibung. Denn auf diese Weise wird versucht, die Durchlässigkeit im vertikalen und horizontalen Schichtgefüge zu begrenzen. Die in Deutschland wie Österreich ausgeprägte Abhängigkeit erfolgreicher Schulbildung von der sozialen Herkunft schreibt ungleiche soziale Teilhabechancen und Armutsrisiken entlang konstruierter schichtinhärenter Fertigkeiten und Fähigkeiten fort.

Das politische Bemühen um mehr Durchlässigkeit an höher qualifizierenden Schulen hat zweifelsohne Fortschritte erzielt, konnte jedoch eine damit einhergehende „soziale Homogenisierung“ von Hauptschulen (Kohlrausch 2018, 181) nicht verhindern. Weiterreichende Inklusion und Chancengerechtigkeit können, so Kuhlmann (2018, 451), gelingen, „[...] wenn wir mit Bourdieu die Rede von der natürlichen Begabung als Ideologie erkennen [...]“. Konkret umgesetzt folgt daraus, neben einer Reform des bestehenden mehrgliedrigen Schulsystems und damit einer Aufgabe der frühen leistungsdifferenzierenden Selektion, die Bildungsinfrastruktur umfassend auszubauen und ihren Zugang ohne jegliche Diskriminierungen zu ermöglichen. Auf diese Weise lassen sich Armutsrisiken ohne Ansehen der Person reduzieren.

Bildung als Prozess der selbstbestimmten, mitbestimmten und solidaritätsstiftenden Persönlichkeitsentfaltung (Kuhlmann 2018, 434) zu verstehen, stellt eine nachhaltige und verantwortungsvolle Stabilität gesellschaftlicher Beziehungen vor individuelle Renditeinteressen.

Videotipps | Wie beeinflussen sich Armut und Bildung?
https://www.youtube.com/watch?v=_s7jOXaFa7U
https://www.youtube.com/watch?v=_-6GhHDh1Ek

Wie kann Armut krank und Krankheit arm machen?

„Armut macht krank“ verweist zunächst darauf, dass zu wenig Geld vorhanden ist, um sich gesund zu ernähren, Medikamente und ärztliche Behandlungen bezahlen zu können. Es fehlen ferner Möglichkeiten, sich an sportlichen und kulturellen Aktivitäten beteiligen oder sich sozial einbringen zu können, worunter die physische, psychische und soziale Gesundheit leidet. Oftmals zwingt sie niedrig entlohnte Beschäftigte trotz Krankheit weiterzuarbeiten, um den Arbeitsplatz nicht zu verlieren. Soziale Ungleichheit an ökonomischem, kulturellem und sozialem Kapital wirkt sich in einer ungleichen Verteilung von „Gesundheitschancen und Krankheitsrisiken“ (Lampert 2018, 226) aus.

Neben den unmittelbaren Folgen der erschwerten Krankheitsbewältigung zeigen sich – empirisch belegte – mittelbare Folgen in einer deutlich geringeren Lebenserwartung, die in Deutschland bei Frauen 8,4 und bei Männern 10,8 Jahre beträgt (im Vergleich jener Personen, die unterhalb der Armutsgefährdungsschwelle liegen, zu jenen, die mehr als 150 Prozent des medianen Einkommens zur Verfügung haben) (Lampert 2018, 228 f.). Versuche, diese Differenzen zu erklären, greifen zu kurz, wenn sie lediglich mit der individuellen Verantwortung argumentieren. „Das persönliche Verhalten ist wichtig, kann jedoch allein die gravierenden Unterschiede nicht erklären“ (Cremer 2016, 132).

Armut macht krank, weil die Mittel fehlen, gesund zu bleiben oder wieder gesund zu werden. Es mangelt an sozialer Teilhabe und Anerkennung, an Selbstwirksamkeit und Selbstsorge. Die Aussage „Armut macht krank" beinhaltet immer auch ihr ergänzendes Gegenstück, dass „Krankheit arm macht" – monetär und sozial (Dietz 2010b, 70 ff.). Dahinter steht eine normative Haltung, die den gesunden Körper (und Geist) als Ideal stilisiert. Dies erfolgt jedoch nicht aus Selbstzweck, sondern als Mittel einer erfolgreichen Teilnahme auf Konkurrenzmärkten, insbesondere dem Arbeitsmarkt.

Gesundheit wird – mit Hilfe einer wirtschaftlich stark wachsenden Gesundheitsindustrie und einer medialen Inszenierung von sportlichen über kulinarische bis hin zu esoterischen Aktivitäten – auf diese Weise funktionalisiert, die es kranken Menschen temporär oder dauerhaft kaum erlaubt, dabei mitzuhalten. Die Kommodifizierung von Körper und Geist schafft folglich nicht nur neue profitable Märkte, sondern führt eine Unterscheidung ein, die Gesundheit mit individueller Leistungsbereitschaft und gesellschaftlicher Solidarität assoziiert. Hieraus zieht Kommodifizierung gegenüber arm gewordenen kranken Menschen (und krank gewordenen armen Menschen) eine Legitimation zu deren Stigmatisierung und Exklusion (demgegenüber Wehler 2013, 125 ff.).

Mit den Begriffen „Health Inequality" und „Health Inequity" werden jene sozialen Einflussfaktoren, „[…] die nur begrenzt sozial steuerbar sind", von jenen unterschieden, „[…] die als vermeidbar eingestuft werden müssen bzw. die sozial selektiv wirken" (Haverkamp 2018, 481). Welche *sozialen* Einflussfaktoren welchem der beiden Begriffe zugeschrieben werden, beruht wesentlich auf einer asymmetrischen Zuweisungspraxis von jenen, die gesellschaftlich (noch) integriert sind, auf jene, die aus Teilsystemen exkludiert wurden (von biologischen, körperlich-geistig beeinträchtigenden Faktoren ist hier nicht die Rede).

Wenn beispielsweise allgemein anerkannt ist, dass Einkommensarmut chronischen Stress im Alltag verursachen kann, sogar eine „[…] kausale Beziehung zwischen sozialer Lage und Gesundheit sowie Lebenserwartung unbestritten [ist] und sich primär auf das Verhältnis von Einkommen und Gesundheitsstatus [erstreckt]" (Haverkamp 2018, 486), müsste mangelndes Einkommen ein Faktor von vermeidbarer „Health Inequity" sein. Tatsächlich wird es jedoch der „Health Inequality" zugerechnet (ebd., 481). Gleichermaßen trifft dies für Kontexteffekte der Nachbarschaft und der (sozialen) Infrastruktur zu. Damit werden nicht die komplexen Wechselwirkungen zwischen materiellen, ökologischen und raumzeitlichen Einflussfaktoren an sich bestritten, wohl aber ihre Zusammenhangsstruktur und Gewichtung hinterfragt.

Videotipps | Wie kann Armut krank und Krankheit arm machen?
https://www.youtube.com/watch?v=kWZ6ZoSCzlM
https://www.youtube.com/watch?v=zTGV7O0ekps

Wie zeigt sich Armut in der Corona-Krise?

Die durch das SARS-CoV-2-Virus ausgelöste Pandemie hat weltweit die bereits existierenden sozialen Ungleichheiten weiter vergrößert, bestehende Armutsrisiken verschärft und neue hervorgebracht (→ Abbildung 4).

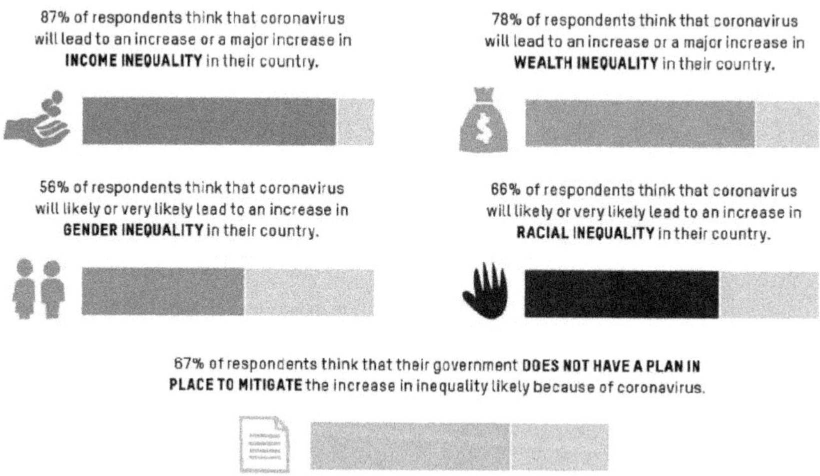

Abb. 4: Ergebnisse einer Oxfam-Befragung unter Ökonom:innen zu den Folgen der Pandemie auf bestimmte Ungleichheitsbereiche
Quelle: Berkhout et al. 2021 (Oxfam)

Besonders betroffen sind Frauen, die nicht nur überdurchschnittlich häufiger ihren Arbeitsplatz (zumal im informellen und Niedriglohnsektor) verloren, sondern auch Einkommenseinbußen hinzunehmen haben. „Several factors can explain this. Women are disproportionately employed in the hardest-hit sectors, such as accommodation and food services. They are also much more likely to be in precarious and vulnerable employment. [...] Women are more likely to have dropped out of paid work because of the pandemic-induced increase in unpaid care work“ (Berkhout et al. 2021, 38). Bislang mühsam erreichten Fortschritten zu einer grundlegenden *gender equality* droht ein Rückfall in längst überwunden geglaubte anachronistische Strukturen, die das Risiko von *intersecting inequalities* (ebd., 40) vertiefen.

Weitere vulnerable Gruppen, wie Kinder, gesundheitlich Beeinträchtigte, Migrant:innen, nicht im regulären Arbeitsmarkt Beschäftigte sowie durch Rassismus, Sexismus oder Religionszugehörigkeit Diskriminierte, sind von der Pandemie selbst sowie den Maßnahmen zu ihrer Eindämmung besonders betroffen. Außer Einkommenseinbußen und Arbeitsplatzverlusten gefährden prekäre Wohnverhältnisse, drohende Wohnungslosigkeit, wachsende Ungleichheiten der Bildungs- und sozialen Teilhabe sowie Ernährungsunsicherheit die Aufrechterhaltung würdiger Lebensbedingungen. Das Welternährungsprogramm der Vereinten Nationen geht von einer pandemiebedingten Zunahme hungerleidender Menschen um 270 Millionen bis Ende 2020 aus (Berkhout et al. 2021, 42).

Demgegenüber gelang es den weltweit tausend Reichsten bereits nach neun Monaten, ihr Vermögen wieder auf den Stand von vor der Corona-Krise zu bringen. Angesichts dieser Ungleichheitsverhältnisse drängen Institutionen wie Oxfam die internationale Staatengemeinschaft zu einem radikalen Bruch mit den bestehenden ökonomischen Prinzipien. Die Regierungen „can do this by urgently transforming the current economic system, which has exploited and exacerbated patriarchy, white supremacy and neoliberal principles. A system that has driven extreme inequality, poverty and injustice“ (Berkhout et al. 2021, S. 10). Gefordert wird unter anderem eine Erhöhung der Ausgaben der sozialen Sicherungssysteme um wenigstens zwei Prozent des jeweiligen nationalen Bruttonationalprodukts (Barba et al. 2020, 17).

Videotipps | Wie zeigt sich Armut in der Corona-Krise?
https://www.youtube.com/watch?v=13BKANxigRc
https://www.youtube.com/watch?v=ZnYL_dzpmak

Wer ist in Deutschland von der Corona-Pandemie und ihren Maßnahmen besonders betroffen?

Auch in einem wohlhabenden Land wie Deutschland, mit einer vergleichsweise breiten sozialen Absicherung, zeigen die seit nunmehr einem Jahr andauernden Maßnahmen zur Eindämmung der Corona-Pandemie tiefgreifende soziale, wirtschaftliche, politische und kulturelle Verwerfungen. Einschränkungen der sozialen Kontakte und Bewegungsfreiheit, des Schul- und Universitätsbesuchs, die Verlagerung vieler Tätigkeiten in die eigene Wohnung, die auferlegte Isolation älterer und vorerkrankter Menschen sowie die plötzliche Reduktion oder der vollständige Wegfall beruflicher Tätigkeiten haben zu völlig neuen physischen, psychischen und sozialen Belastungen geführt. Die gesellschaftlichen Folgen der Krise beginnen erst allmählich Konturen zu bilden und sind aufgrund kaum vorhersehbarer Entwicklungen des Pandemiegeschehens auch nur schwer einzuschätzen. In Ansätzen zeichnen sich jedoch eine Verschärfung der Situation verarmter Personen bzw. Haushalte, eine Zunahme der Armutsgefährdung bislang wenig oder nicht gefährdeter Personen/Haushalte und eine weiterhin bestehende Unabhängigkeit sehr wohlhabender Personen/ Haushalte von den Pandemieregeln und -folgen ab.

Auf der Grundlage von Analysen der Daten des Sozio-oekonomischen Panels (SOEP) und des Robert Koch-Instituts enthält der Datenreport 2021 erste Anhaltspunkte zu den Einkommens- und Beschäftigungsfolgen der Pandemiebeschränkungen (Goebel und Krause 2021). Für den Zeitraum Ende März bis Anfang Juli 2020 kommen Goebel und Krause (2021, 497 ff.) zu folgenden Ergebnissen:

- Personen, die am Anfang und am Ende des Erwerbslebens stehen, sind von Risiken des Arbeitsplatz- und finanziellen Verlusts besonders betroffen.
- Auch „Personen mit direktem und indirektem Migrationshintergrund wiesen höhere Anteile bei Jobverlust, Arbeitsmarktanpassungen und finanziellen Risiken auf“ (ebd., 499).
- Die nach Haushaltszusammensetzung höchsten Risiken des Arbeitsplatzverlusts und Einkommensrückgangs treffen Alleinerziehende und große Haushalte ab fünf Personen.
- Selbständige und Geringqualifizierte waren stärker als Angestellte und Beamte betroffen. Überraschend ist zudem: „Coronabedingte Anpassungsmaßnahmen am Arbeitsplatz betrafen insbesondere höhere

Bildungsgruppen wie Fachhochschülerinnen und -schüler, Personen mit Abitur, Fachhochschul- und Universitätsabschluss sowie Personen, die 2018 im Studium oder in der Ausbildung waren“ (ebd., 502).
- In städtischen Regionen wirken die Einkommens- und Beschäftigungsfolgen stärker als in ländlichen Regionen

Auch wenn es sich um eine Momentaufnahme zu Beginn der coronapolitischen Maßnahmen handelt, deuten die seitdem eingetretenen Entwicklungen und ihre Wechselwirkungen auf eine Verfestigung der Krisensymptome der bereits jetzt von Armut stärker betroffenen Bevölkerungsgruppen hin. Die Corona-Krise bringt daher weniger neue Armutsrisiken hervor als vielmehr eine dramatische Verschärfung bestehender.

Welche Auswirkungen haben das Corona-Virus und die Pandemiemaßnahmen auf die Gesundheit?

Mit Stand Mitte März 2021 sind weltweit bislang etwas über 120 Millionen Menschen mit dem SARS-CoV-2-Virus infiziert gewesen, aktuell sind es knapp 50 Millionen; täglich wächst die Zahl der Neuinfizierten um etwa 337.000. Knapp 2.6 Millionen Menschen sind an oder mit COVID-19 gestorben (ECDC 2021). In vielen Ländern sind im vergangenen Jahr die Gesundheitseinrichtungen an ihre Leistungsgrenzen gestoßen.

Auch in entwickelten Wohlfahrtsstaaten hängen das Infektionsrisiko und die Schwere der Erkrankung mit dem Ausmaß gesundheitlicher Ungleichheit zusammen, das wiederum vom sozioökonomischen Status beeinflusst ist. Viele gering entlohnte, nicht telekommunikativ substituierbare und kontaktintensive Tätigkeiten gehen mit einer erhöhten Ansteckungsgefahr einher. Treten Einkommensarmut und beengte Wohnverhältnisse hinzu, steigt die Gefahr gerade bei jenen weiter an, die gesundheitlich weniger resilient sind. Diese Erkenntnisse sind nicht neu, so „haben Analysen der Influenza-Pandemien 1918 und 2009 gezeigt, dass sozial benachteiligte Bevölkerungsgruppen stärker von der Influenza beziehungsweise von tödlichen Krankheitsverläufen während der Pandemien betroffen waren als sozial bessergestellte Gruppen“ (Hoebel et al. 2021, 500).

Zu den direkten gesundheitlichen Folgen der Corona-Pandemie kommen die indirekten Wechselwirkungen durch Klima- und Ernährungskrisen hinzu. Vor allem die Länder des globalen Südens sind von kumulativen Risiken betroffen, in denen sich Naturgefahren mit Ernteausfällen und wetterbedingten Extremsituationen überlagern. Diese multiple Krisensituation trifft wiederum insbesondere die durch manifeste oder bedrohte Armut, durch Arbeitsplatz- und Wohnungsverlust sowie eingeschränkte medizinische Versorgungsmöglichkeit verletzlichen Personen, die zusätzlich durch eine wachsende Fragilität von Resilienzfaktoren (Institutionen, informelle Versorgungsmöglichkeiten, Remittances) besonderen Gefährdungen ausgesetzt sind.

Von Armut und Deprivation betroffene Menschen sind aber nicht nur einem höheren Infektionsrisiko ausgesetzt, sie selbst tragen zur Ausbreitung des Virus auch in geringerem Maße bei als wohlhabendere Menschen, wie Untersuchungen von Hoebel et al. (2021) für die Frühphase der Corona-Pandemie in Deutschland belegen. → Abbildung 5 verdeutlicht, dass in dieser Phase vor allem sozioökonomisch bessergestellte Personen (gering Deprivierte) durch ihr Mobilitätsverhalten an der Ausbreitung des Virus beteiligt waren. Auch wenn sich der Gradient bis zum Sommer 2020 abgeflacht hat, bleiben (stark) deprivierte Menschen anteilig die relativ kleinste Gruppe bei den Neuerkrankungsraten.

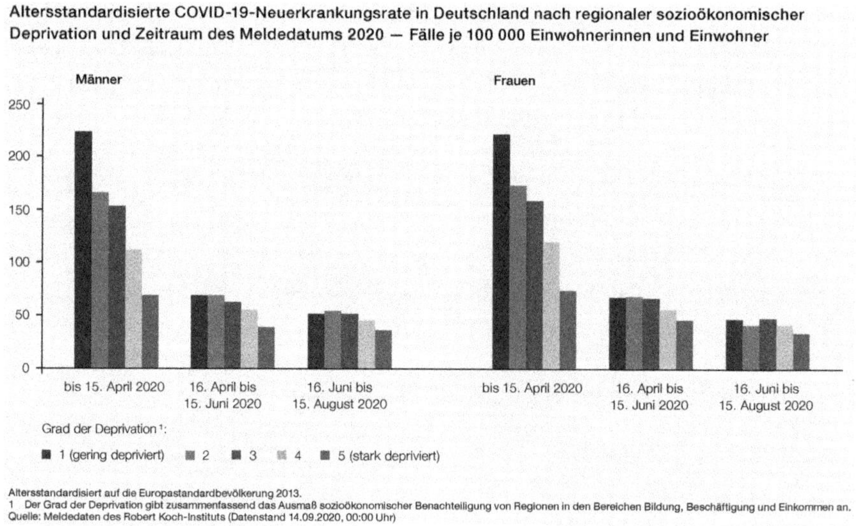

Abb. 5: Altersstandardisierte COVID-19-Neuerkrankungen in Deutschland nach regionaler sozioökonomischer Deprivation und Zeitraum des Meldedatums 2020 – Fälle je 100.000 Einwohner:innen

Quelle: Hoebel et al. 2021

Welche Probleme bringt Chancengleichheit für die Armutsbekämpfung mit sich?

Im Beziehungsgefüge der Gleichheits- bzw. Gerechtigkeitsprinzipien (Bedarfs-, Leistungs-, Chancen- und Verteilungsgerechtigkeit) nimmt die Chancengleichheit eine ambivalente Rolle ein, da sie ihren Gleichheitsanspruch mit legitimierbaren Ungleichheiten in den übrigen Gerechtigkeitsprinzipien begründet. Dies gilt für alle Facetten, die sich im Laufe der Zeit herausgebildet haben. Chancengleichheit zu kritisieren, bedeutet nicht, sie per se abzulehnen, sondern ihre Wirkung in liberal und neoliberal verfassten Gesellschaften zu hinterfragen:

- Rechtliche Chancengleichheit sieht eine Gleichheit vor dem Gesetz vor, blendet jedoch soziokulturelle Ungleichheiten weitgehend aus
- Soziale Chancengleichheit institutioneller Prägung zielt auf eine Überwindung soziokultureller Ungleichheit (Bildung, Herkunft) durch einen Vorrang individueller Leistungsgerechtigkeit, vernachlässigt darüber jedoch die soziale Abhängigkeit erreichter (erreichbarer) Leistungsziele
- Soziale Chancengleichheit instrumenteller Prägung ermöglicht eine gezielte selektive Kompensation soziokultureller Ungleichheit (z. B. Geld, Zugangschancen), klammert dabei aber neue oder wiederkehrende Diskriminierungen im Lebenslauf aus
- Radikale Chancengleichheit pointiert individuelle Leistungsgerechtigkeit entlang der Unterscheidung von Präferenz und Ressource bzw. Wahl und Zufall; das Ziel ist es, Letztere als ungerechten Einfluss sozialpolitisch zu bekämpfen, dabei aber den sozialen Kontext für Präferenz und Wahl außer Acht zu lassen. (Rosanvallon 2013, S. 286 ff.)

Zentrale Kritikpunkte betreffen die exponierte Stellung des Individuums und die Vernachlässigung seiner sozialen Einbettung. Die Gestaltung des eigenen Lebens, in seinen gelingenden wie schwierigen Facetten, sowie die erworbenen oder vorenthaltenen Fähigkeiten verdanken sich nicht vorrangig dem eigenen Willen, sondern den sozialen Schließ- und Öffnungsmechanismen. Diese reichen von familiären und lokalen Verhältnissen bis hin zu den weitreichenden Netzwerken des Berufslebens und Bekanntenkreises.

Rosanvallon (2013) wendet gegen die (radikale) Chancengleichheit ein, dass sie mit ihrer Betonung der individuellen Leistungsgerechtigkeit soziale Hierarchien und damit soziale Ungleichheiten aufrechterhalte, auch wenn sie danach strebt, die Privilegien der sozialen Herkunft abzuschaffen (u. a. durch Bildung für alle und Abschaffung des Erbrechts). Fragen der Umverteilung des erzielten Wohlstands, der Spannweite legitimer Statusunterschiede und eines allgemein anerkannten Ressourcenminimums sind aus der Perspektive der Chancengleichheit nicht zwingend zu beantworten. Sich daraus ergebende Ungerechtigkeiten sind in einer auf Leistung und Konkurrenz der Einzelnen ausgerichteten Gesellschaft als legitime Ungleichheiten akzeptiert. Dagegen kontert Rosanvallon (2013, 305): „Ungleichheiten, das ist der springende Punkt dabei, betreffen nicht nur die am schlechtesten Gestellten, sie schaden uns allen".

Für eine gesellschaftliche Auseinandersetzung mit Armut und sozialer Ungleichheit, die materielle und soziale Deprivation nicht als strukturelles Versäumnis einer gerechten (Um-)Verteilung gemeinschaftlicher Güter und einer gleichwertigen Teilhabe aller Gesellschaftsmitglieder beurteilt, braucht es daher ein anderes Gleichheitsfundament, auf dem die bisherigen Gerechtigkeitsprinzipien in angepasster Form aufbauen. Für Rosanvallon ist dies die *Beziehungsgleichheit*, die über eine wechselseitige Beziehung von *Singularität*, *Reziprozität* und *Kommunalität* erreicht wird.

Wofür stehen Singularität, Reziprozität und Kommunalität in der Gerechtigkeitsdiskussion?

Mit dem Vorrang der Beziehungsgleichheit vor anderen Gerechtigkeitsprinzipien legt Rosanvallon (2013) einen Ausgangspunkt, von dem ausgehend Ungleichheit nicht mit Marginalisierung und Exklusion einhergeht und Gefährdungen des gesellschaftlichen Zusammenhalts problematisiert werden können. Gleichheit und Ungleichheit sind im Sinne gewählter und pluraler Gleichheit aufeinander bezogen und bedürfen der Abstimmung unter Beziehungsgleichen (Rosanvallon 2013, 346 f.). Zu den zentralen Bedrohungen der Gleichheit gehört zum einen die Abhängigkeit bzw. das Privileg der sozialen Herkunft. Sie untergräbt bzw. befördert die Autonomie der einzelnen Person auf unzulässige Weise. Erbschaftsregeln und Erbschaftssteuern sind hier die zentralen Eingriffsgrößen. Zum zweiten sind es Maßlosigkeit und Kommodifizierung, die in ihrer Entgrenzung die ökologischen und sozialen Grundlagen des (Zusammen-)Lebens gefährden. Gemeingütern und öffentlichen Räumen gehört dabei höchste Priorität. Drittens befördert sozialräumliche Segregation eine gesellschaftliche Fragmentierung mit Hilfe sozialer Exklusionsmechanismen. Ansätze, diese Mechanismen aufzubrechen, liegen ebenfalls im Ausbau öffentlicher Räume und (nahräumlicher) sozialer Infrastrukturen.

Um einer Funktionalisierung von Armut zu begegnen, die betroffene Menschen als Empfänger:innen von existenzsichernden Leistungen in einem paternalistischen System der Fürsorge und Kontrolle kategorisiert, ist *Singularität* die erste Voraussetzung für Beziehungsgleichheit. Singularität setzt am Individuum an, ohne es zu verabsolutieren, denn Singularität ist relational und kein Zustand (Rosanvallon 2013, 309). Sie beruht auf genereller und wechselseitiger Anerkennung der Person. Für die Ableitung sozialer Rechte gilt dann, dass sie sich an das „Individuum im Allgemeinen“ und seiner Autonomie richten, und „[...] folglich mit der Möglichkeit des automatischen und bedingungslosen Zugangs zu staatlichen Unterstützungen oder Dienstleistungen versehen [sind]“ (ebd., 316).

Wechselseitige Anerkennung und wechselseitiger Respekt sind jene sozialen Beziehungsgüter, die eine „Gleichheit der Beteiligung am Gemeinwesen“ tragen und damit gegen Privilegien antreten. *Reziprozität* als implizite Reziprozität meint im Unterschied zum auf Gabe und Gegengabe begründenden Tausch eine Koproduktion der Beziehungsgüter (Rosanvallon 2013, 321). Sie ist die Quelle zum gegenseitigen Verstehen der Belange und Bedürfnisse der jeweils anderen. Aus der Sicht armer Menschen ist Reziprozität asymmetrisch und ungleich in ihrer Gewichtung, stehen sie doch unter dem Verdacht der missbräuchlichen Aneignung sozialer Wohlfahrtsleistungen oder unter dem Erwartungsdruck gefälliger Gegengabe für erhaltene monetäre Zuwendungen (z. B. zumutbare Arbeit anzunehmen, wobei Zumutbarkeit von nicht Betroffenen definiert wird).

Kommunalität ist eine direkte Antwort auf die Kritik gegenwärtiger sozialräumlicher Segregationsprozesse, wie sie sich u. a. in gentrifizierten

Orten oder als Armutsviertel stigmatisierten Gegenden äußern. Denn diese Prozesse zielen auf eine – zum einen freiwillige (Gentrifizierung), zum anderen unfreiwillige (‚Armutsviertel') – Homogenisierung ihrer Bewohner:innen, selbst wenn diese nicht immer oder zumeist nach nur einem Indikator wie z. B. dem Einkommen festgestellt werden kann. Das Problem jedoch ist die Intention der Inklusion Ähnlicher (nach Einkommen und sozialem Status) und der Exklusion der aus *ihrer* Sicht Nichtdazugehörigen: „Ein menschliches Kollektiv, dass sich nur unter dem Aspekt einer vorgegebenen Homogenität begreift, egal aus welchen Motiven, ist nicht nur undemokratisch, sondern auch unpolitisch" (Rosanvallon 2013, 334). Ähnlichkeit bezieht sich dabei nicht auf den Menschen als solchen, sondern auf ihm zugeschriebene oder zugewiesene Eigenschaften, die helfen, ihn zu kategorisieren und zu kommodifizieren. Kommunalität zielt auf eine Abkehr dieser Zuschreibungspraktiken und auf eine kollektive Nutzung öffentlicher sozialer Räume unter Teilhabegleichen. Kommunalität korrespondiert somit sehr stark mit dem lokalem Raum.

Welchen Beitrag können die Gerechtigkeitsgrundsätze von Rawls in der Armutsdebatte leisten?

Einen Ansatz, soziale Chancengerechtigkeit zu vertreten, ohne das individuelle Verdienstprinzip als gerechtfertigte Ursache sozialer Ungleichheit akzeptieren und die Bedeutung der sozialen Umwelt für die erreichten oder eben nicht erreichten Positionen ausklammern zu müssen, bietet John Rawls (1975) mit seiner Theorie der Gerechtigkeit als Fairness. Seine beiden Gerechtigkeitsgrundsätze zielen darauf ab, allen Menschen eines Staates den gleichen Umfang an Grundfreiheiten zuzugestehen und soziale und wirtschaftliche Ungleichheiten nur dann als legitim zu erachten, wenn sie „[...] den am wenigsten Begünstigten den größtmöglichen Vorteil bringen [...]" (ebd., 336).

In einer marktliberalen Wirtschaftsordnung müsste beispielsweise der Wohnungsmarkt so organisiert werden, dass Zugangsbeschränkungen und Preisunterschiede sich an der Einkommensverteilung – im Idealfall der lokalen Bevölkerung – zu orientieren haben. Eine solche Ausrichtung der Wohnungsmarktpolitik gab es in Schweden bis zum EU-Beitritt. Für die Festlegung einer ‚angemessenen' Miete wurden die Wohnkosten der gemeinnützigen Bauträger herangezogen; private Mieten durften maximal fünf Prozent darüber liegen (Shah 2019, 24f.). Neoliberale Marktprinzipien setzen stattdessen an freiem Wettbewerb, freier Preisbildung sowie dem Primat des Privateigentums an und reduzieren staatliche Eingriffe auf Maßnahmen, die diesen Prinzipien nicht zuwiderlaufen.

Die Gerechtigkeitsgrundsätze zielen nicht auf kommunitaristische Überlegungen der Beziehungsgleichheit, sondern leiten sich aus liberalen Freiheitsprinzipien ab. Rawls geht nicht von einer dem Individuum vorgängigen Sozialität aus, die die Lebens- und Verwirklichungschancen der Einzelnen beeinflusst. Voraussetzung für seinen methodologischen Individualismus (Gertenbach et al. 2010, 17ff.) ist der als Gedankenexperiment konzipierte Urzustand, in dem die Menschen unter einem ‚Schleier des Nichtwissens' ihrer sozialen Positionen sich auf ebenjene Grundsätze einigen würden. „Hauptgedanke der Konzeption von »Gerechtigkeit als Fairness« ist, dass sich die Fairness der Ausgangssituation auf die Qualität der gewählten Prinzipien überträgt" (Forst 2021, 51).

Zu dieser Qualität gehört, dass sich liberale Gerechtigkeitsvorstellungen nicht zwingend auf individuelle Konkurrenz- und Leistungsprinzipien berufen müssen. Aus besonderen Fähigkeiten, Begabungen und Talenten, die sich immer auch einer fördernden oder behindernden sozialen Umwelt verdanken, leiten sich demzufolge keine besonderen individuellen Privilegien ab. Der Fairnessgedanke impliziert vielmehr, die Fähigkeiten aller Gemeinschaftsmitglieder zu fördern und dabei das Differenzprinzip des zweiten Gerechtigkeitsgrundsatzes als Beurteilungskriterium anzuwenden.

Rawls verknüpft somit Individualismus mit Gemeinschaft, Liberalismus mit Sozialismus: „Rawls' Theorie lässt nur die Alternative zwischen einem liberalen Sozialismus und einer Demokratie mit breit gestreutem Eigentum (*property-owning democracy*) zu. So ist es Rawls' bleibendes Verdienst, den Blick der Gerechtigkeit radikal gewendet zu haben: weg von individualistischen Verdienstvorstellungen, von »natürlichen« Freiheitsrechten vor Prinzipien der sozialen Gerechtigkeit [...]" (Forst 2021, 51). Forst hebt zudem hervor, dass der kapitalistische Wohlfahrtsstaat nicht in der Lage ist, den beiden Gerechtigkeitsgrundsätzen adäquat Rechnung zu tragen: „Denn der Sozialstaat lässt es zu, dass Menschen unter schlechten Bedingungen aufwachsen und zu niedrigen Löhnen arbeiten müssen, nur um ihnen im Gegenzug eine gewisse Kompensation zu gewähren. Das ändert an den Strukturen der Ungleichheit nichts, es zementiert sie eher" (ebd.).

Eine an Armutsüberwindung ausgerichtete soziale Chancengerechtigkeit setzt somit an einer kritischen Hinterfragung sozialer Ungleichheitsursachen und -folgen an. Um auf das Beispiel des Wohnungsmarktes zurückzukommen, wäre eine wohnungspolitische Möglichkeit die Festsetzung des Mietzinses relativ zu den Einkommen der mietenden Haushalte, was eine entsprechende kalkulatorische Rückbindung bei den Errichtungs- und Erhaltungskosten zur Folge hätte. Wohn(bau)förderung müsste so gestaffelt werden, dass sie umgekehrt proportional zur Einkommensungleichverteilung wirkt.

Armut und Geographie

Armut ist auch ein geographisches Phänomen, denn Einkommensarmut ist global, ebenso die daraus resultierende soziale Benachteiligung. Besonders in Städten verschärft die Gentrifizierung die Armut. Räumlich sind die Lebensverhältnisse durchaus ungleich – ebenso die räumliche Wahrnehmung von Armut.

Wie verteilen sich global Einkommensarmut und Ungleichheit?

1987 gab es 145 Milliardär:innen mit einem geschätzten Vermögen von 450 Milliarden US-Dollar. 25 Jahre später sind es 735 Personen (mit mindestens zwei Milliarden Vermögen) mit geschätzten 4,5 Billionen US-Dollar (Milanović 2016, 52). Doch nicht allein die Spitze des Geldberges illustriert, dass die ökonomische – und damit einhergehend die soziale – Ungleichheit zugenommen hat.

In einem seit Anfang der 2000er-Jahre bestehenden globalen Verbundprojekt von über 100 Wissenschaftler:innen in über 70 Ländern analysiert *WID.world* (WID.world 2021) Daten zur globalen und regionalen Einkommens- und Vermögensungleichheit (zu globalen Einkommensdaten und deren Ungleichverteilung siehe auch Milanović 2016, 25 ff.). Zu den zentralen Ergebnissen ihres Berichts, dem *World Inequality Report* von 2018 (Alvaredo et al. 2018), gehört, dass die weltweite Einkommensungleichheit – regional und in ihrer Dynamik unterschiedlich – seit 1980 zugenommen hat. Die Einkommensanteile der obersten 10 Prozent der Bevölkerung variierten 2016 zwischen 37 Prozent in Europa und 61 Prozent im Nahen Osten (ebd., 13). Die räumlichen und Dynamikunterschiede führen die Autoren auf politische und institutionelle Machtverhältnisse zurück und ziehen daraus unter anderem folgendes Fazit: „Aus historischer Perspektive markiert der Anstieg der Ungleichheit das Ende eines egalitären Nachkriegsregimes, das in diesen Regionen jeweils unterschiedlich ausgeprägt war" (ebd., 15). Die → Abbildungen 6 und 7 zeigen die Einkommensverteilungen für die reichsten 10 Prozent bzw. für die unteren 50 Prozent eines Landes.

Von der steigenden Einkommensentwicklung seit 1980 hat das oberste Prozent doppelt so stark profitiert wie die untere Hälfte der Weltbevölkerung, obgleich auch sie einen Zuwachs zu verzeichnen hatte. „Die globale Mittelschicht […] wurde zusammengedrückt" (ebd., 16).

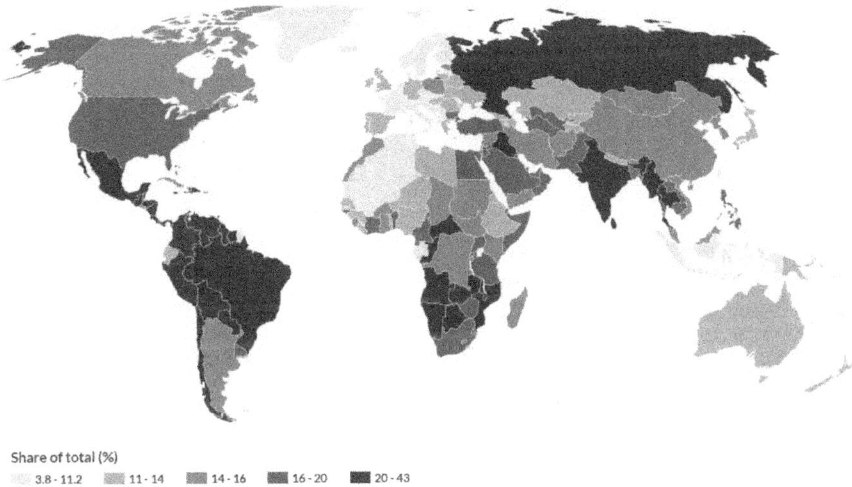

Abb. 6: Anteil der obersten 10 Prozent der Bevölkerung am Nationaleinkommen 2020
Quelle: WID.world 2021

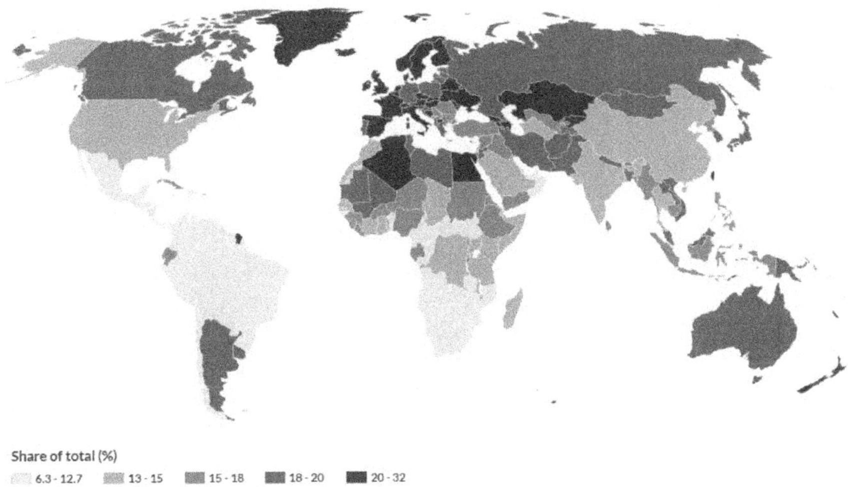

Abb. 7: Anteil der unteren Bevölkerungshälfte am Nationaleinkommen 2020
Quelle: WID.world 2021

In den letzten 50 Jahren ist vor allem das private Nettovermögen gestiegen, regional besonders stark in Russland und China. Demgegenüber sind die öffentlichen Nettovermögen in dieser Zeit zurückgegangen, wiederum besonders ausgeprägt in Russland und China; in den USA und in Großbritannien ist es in den letzten Jahren sogar in den negativen Bereich gerutscht. „Die Kombination aus umfangreicher Privatisierung und wachsender Einkommensungleichheit innerhalb der Länder hat den Anstieg von Vermögensungleichheit unter Individuen verstärkt" (ebd., 22). Hier stechen besonders die USA hervor, wo zwischen 1980 und 2014 der Anteil des obersten Prozents um 17 Prozent gestiegen ist.

Als Gegenmaßnahmen einer weiter steigenden Einkommens- und Vermögensungleichheit schlagen Alvaredo et al. (2018, 26 ff.) eine Anpassung der Steuerprogression, öffentliche Investitionen in Bildung, Gesundheit und Umweltschutz und die Implementierung eines globalen Finanzregisters zur Eindämmung von Steuerflucht und Geldwäsche vor (siehe auch Fischer und Grandner 2019).

Wie kommt es zu sozialen Benachteiligungen in der Stadt, der Gemeinde, der Region?

Residentielle Segregation ist Ausdruck einer räumlichen Zuschreibung sozialer, kultureller, ökonomischer und politischer Eigenschaften von Haushalten, die innerhalb einer Stadt, Gemeinde oder Region ungleich – räumlich konzentriert – verteilt sind. Ursache dieser Zuschreibung sind Prozesse sozialer Exklusion, die über Wohnkosten, Wohnlage und Umweltfaktoren (Emissionsbelastung, Infrastrukturausstattung) realisiert werden. Für eine deskriptive Analyse residentieller Segregation stehen Indizes unterschiedlicher Aussagegüte wie Segregations-, Dissimilaritätsindex oder Gini-Koeffizient sowie aufwändigere Verfahren der quantitativen und qualitativen Netzwerkanalysen zur Verfügung. Problematisch dabei ist, dass neben einer territorialen und nicht sozialräumlichen Abgrenzung letztlich die statische Nachtbevölkerung zugrunde gelegt wird, da Aktivitäten und Sozialbeziehungen außerhalb des Quartiers ausgeblendet werden.

Der Beschreibung sozialräumlicher Verteilungsmuster steht übergeordnet die soziologische und politische Beurteilung. Residentielle Segregation – von armen und wohlhabenden Bevölkerungsgruppen unterschiedlichen Grades – folgt gewissen regelhaften Mustern, die ihrerseits eine Folge gesellschaftlicher Werthaltungen und deren Durchsetzungsmöglichkeiten sind.

Ein zentraler Kritikpunkt ist die durch zunehmende soziale Homogenisierung erfolgende persistente räumliche Trennung wohlhabender und armutsbetroffener Haushalte. Während diese Trennung im ersten Fall allgemein akzeptiert wird, weil unter seinesgleichen zu wohnen bedeutet, Konflikte zu mindern und Kontakte zu fördern, wird dies im zweiten Fall aus genau denselben Gründen verurteilt (Dangschat und Alisch 2012, 36). Denn nun wird die räumliche Abgrenzung als soziale Selbstexklusion der Etablierung einer „Kultur der Armut" fehlinterpretiert. Dabei ist zu berücksichtigen, dass sich mit der Deutungshoheit und Durchsetzungsmacht der Nichtarmutsbetroffenen eine Zuweisungspraxis zu bestimmten Wohnungsmarktsegmenten und Stadtteilen oder Orten für armutsbetroffene Haushalte etabliert, der sich jene kaum widersetzen können. Personen, die noch nie mit Armut und Arbeitslosigkeit konfrontiert waren, unterstellen den davon betroffenen Menschen eine individuelle Verantwortung für ihre Situation und fordern ein permanent leistungsbereites, funktionierendes Verhalten von ihnen ein. Die Exkludierenden sehen eine Bringschuld bei den Exkludierten, ihre Situation zu überwinden, in die sie gedrängt wurden (Mayr 2020).

Begründet wird diese Forderung mit einer empirisch nicht eindeutig belegbaren Förderung von schichtübergreifenden sozialen Kontakten, deren Fehlen als eine Ursache von Armut und anhaltender Arbeitslosigkeit unterstellt wird. Mit diesen sogenannten *Bridging Ties* als einer Sorte von Sozialkapital (→ Box) wird eine Chance auf (Re-)Integration unter anderem in den ersten Arbeitsmarkt gesehen. Damit werden diese Art von sozialen Kontakten jedoch einseitig zweckorientiert instrumentalisiert und die residentielle Segregation armer Haushalte fortgeschrieben – denn wem die Reintegration gelingt, zieht weg; wem nicht, der ist gezwungen zu bleiben.

„Kapital ist akkumulierte Arbeit". Pierre Bourdieu bringt damit zum Ausdruck, dass Vermehrung und Verteilung von Kapital einer zeitlichen Entwicklung und räumlichen Varianz unterliegt. Arbeit umfasst mehr als nur Lohnarbeit und erstreckt sich auf die Produktion von materiellen und immateriellen Gütern. Daher ist es wichtig, Kapital in einem umfassenden Sinn und im gesellschaftlichen Kontext zu verstehen:

- *Ökonomisches* Kapital ist Tausch- und Wertaufbewahrungsmittel sowie Verrechnungseinheit. Als Geld zirkuliert es im Güter- und Dienstleistungskreislauf, als Kapital verwertet es sich selbst. Arbeit erhält ihren Wert über den Gebrauchs- und Tauschwert eines Gutes, der wiederum von der sozial produzierten Bedürfnisstruktur abhängt (Nachfrage auf Märkten)
- *Kulturelles* Kapital ist ein Mittel der Reputation und Distinktion von Menschen. Akkumulation erfolgt über Bildungsinstitutionen, kulturelle Güter (z. B. Bücher, Instrumente) und die persönliche Verinnerlichung von Wissen. Sichtbar gemacht wird es über Zertifikate, Titel, die Ausstattung der Wohnung und den Habitus
- *Soziales* Kapital dient der Herstellung und Aufrechterhaltung sozialer Beziehungen. Ihre Ressourcen, die Zugehörigkeit zu (unterschiedlichen) Netzwerken eröffnen, sind Vertrauen, Kooperation und Reziprozität im Geben und Nehmen. Akkumulation äußert sich im Erwerb von Positionen und Rollen in diesen Netzwerken. Unterschieden werden starke Beziehungen (*bonding ties*, z. B. in der Familie) und schwache Beziehungen (*bridging ties*, z. B. in der Nachbarschaft)

Alle drei Kapitalsorten hängen auf vielfältige Weise voneinander ab; so ist für die Akkumulation von Sozialkapital entsprechendes kulturelles Kapital (u. a. Qualifikationen) und ökonomisches Kapital (u. a. Bildungsausgaben) notwendig (Bourdieu 1983).

Für deprivierte Haushalte bietet ein in dieser Hinsicht homogenes Quartier aber auch eine Ressource und einen Erfahrungsraum für soziale Beziehungen, die eine Quelle autonomer Selbstwirksamkeit sein können (Kronauer und Vogel 2004, 238). Sozialisierende Nachbarschaftseffekte über *bonding ties* als weitere Sorte von Sozialkapital können soziale Netzwerke der Unterstützung und des Zusammenhalts befördern. Den vergleichbar geringen finanziellen Handlungsspielräumen steht eine Heterogenität in vielen anderen Hinsichten, wie den Migrationsbiographien, Qualifikationen, sprachlichen Kompetenzen oder Haushaltszusammensetzungen der Bewohner:innen, gegenüber.

Die politische Idee der *sozialen Mischung* zur Linderung oder Überwindung sozialräumlicher Segregation ist insofern ambivalent und als

Top-down-Strategie problematisch (Vollmer 2018). Damit wird Segregation nicht als geeignete oder wünschenswerte Form des Zusammenlebens stilisiert. Aber es gibt keine abgesicherten Belege dafür, dass soziale Mischung Armut und Deprivation überwinden hilft, was angesichts ihrer Funktionalisierung auch nicht angestrebt wird. Im Gegenteil: „Per se ist soziale Mischung weder ein taugliches Instrument der Armutsbekämpfung noch stellt sie den Zusammenhalt in unserer Gesellschaft sicher“ (Kaltenbrunner und Schnur 2014, 379).

Geplante soziale Mischung im (städtischen) Quartier kommt ohne institutionelle Unterstützung (Quartiersmanagement) häufig nicht aus. Die eigentliche Zielsetzung, Beziehungen zwischen Bewohner:innen unterschiedlicher sozialer Schichten zu etablieren, wird auf Vermittler der sozialen Arbeit umgeleitet (Smigiel und Koch 2018, 26ff.). Als weiterer beabsichtigter Effekt einer derartigen Unterstützungsform tritt die Ausrichtung an gesellschaftlich geforderten Normen: „Im Grunde trägt Soziale Arbeit zur Stabilität und Kontrolle von Normalitätsmustern bei [...]“ (Beck und Reutlinger 2019, 21).

Eine strukturell angelegte soziale Benachteiligung kann durch räumliche Defizite der infrastrukturellen Ausstattung und benachteiligender Umwelt- und Gesundheitsbelastung verstärkt werden (Friedrichs und Blasius 2000). Alternativ zu Überlegungen, Quartiere sozial zu mischen, sind daher die Einrichtung sozialer Institutionen zu fördern und die Verbesserung der Wohn- und lokalen Umweltbedingungen anzustreben. Niederschwellige Angebote wie kostenfreie öffentliche Bibliotheken und Parks, kommerzfreie Räume zum Arbeiten, Austauschen und Ausruhen tragen zur Anerkennung und wechselseitigen Wertschätzung unterschiedlicher Lebensentwürfe wesentlich bei (Klinenberg 2018; Alexander et al. 1978). Ohne Verbesserung der finanziellen Situation armutsbetroffener Haushalte werden aber auch diese Strategien kaum den gewünschten vollumfänglichen Erfolg bringen.

Mit welchen Konsequenzen müssen Einkommensarme durch Gentrifizierung leben?

Residentielle Segregation ist das (temporäre) Ergebnis freiwilliger und unfreiwilliger Migrationsentscheidungen, aber auch einer Immobilität, die durch eingeschränkte Handlungsspielräume verursacht wird. Letzteres ist häufig in dünn besiedelten, peripher gelegenen Regionen der Fall und geht ebenso wie in benachteiligten städtischen Gebieten mit einem sukzessiven Rückgang infrastruktureller Angebote (Geschäfte, Arztpraxen, Restaurants, Schulen, Vereinen, öffentlicher Verkehr) einher. Das Grundproblem residentieller Segregation liegt primär nicht in einer vermeintlichen Homogenisierung der lokalen Wohnbevölkerung, sondern darin, dass elementare menschliche Bedürfnisse dem Markt überlassen werden. So werden diese Bedürfnisse einer ökonomischen und weniger einer sozialen Bewertung unterworfen. Dadurch droht letztlich der Verlust eines übergreifenden sozialen Zusammenhalts.

Eine sich seit den 1970er-Jahren durchsetzende, weit verbreitete Form sozialräumlicher Segregation ist die *Gentrifizierung* (→ Box). Der Begriff steht für einen mehrstufigen Prozess einer kulturellen, symbolischen, baulichen und sozialen Aufwertung und verrät mit dieser Begrifflichkeit von ‚Aufwertung' bereits den Ursprung seiner Herkunft. Die Gentrifizierung eines Stadtviertels oder Ortes ist Ausdruck eines bewussten Eingriffs in bisher etablierte soziale Strukturen und geht unausweichlich mit einer – teilweisen bis vollständigen – Verdrängung der alteingesessenen einkommensarmen Bevölkerung einher (Helbrecht 2016). Verdrängung äußert sich in unterschiedlichen, zusammenhängenden Facetten. Sie ist *direkt*, weil die Wohnkosten zu hoch geworden sind; sie ist *symbolisch*, weil sich das Viertel durch die zuziehende Bevölkerung und den Wandel der Infrastruktur gewandelt hat; sie ist *exkludierend*, da das Angebot an leistbarem Wohnraum für Haushalte mit geringem Einkommen zurückgeht; und sie erfordert eine Anpassung des Lebensstils in dem Sinne, dass mehr Personen sich die Wohnung teilen (z. B. drei Generationen in der Wohnung, Kinder ziehen nicht aus) (Vollmer 2018, 18 ff.).

Gentrifizierung leitet sich von *gentry*, dem britischen niederen Landadel und gehobenen Bürgertum, ab. Diese sozialen Schichten haben von Arbeiter:innen bewohnte Viertel saniert und sukzessive selbst bezogen, und somit die ursprünglichen einkommensärmeren Bewohner:innen verdrängt. Ruth Glass hat 1964 dieses Phänomen erstmals wissenschaftlich untersucht:
„One by one, many of the working class quarters of London have been invaded by the middle classes – upper and lower. Once this process of ‚gentrification' starts in a district it goes on rapidly until all or most of

> the original working class occupiers are displaced and the whole social character of the districts is changed."

Der Wohnung einen primär privatwirtschaftlichen Warencharakter (Kommodifizierung) zuzuschreiben, ist Ursache auch für Gentrifizierung. Zur Erklärung werden nachfrage- und angebotsseitige sowie kulturalistische Modelle herangezogen. Aus der Nachfrageperspektive der zuziehenden wohlhabenderen Haushalte nimmt zum einen der allgemeine soziale Wandel in modernen Gesellschaften einen zentralen Stellenwert ein, der sich in gestiegener Individualisierung, Pluralisierung, Technisierung und abnehmender Naturabhängigkeit manifestiert (van der Loo und van Reijen 1992) und zu neuen Lebensstilen sowie einer neuen akademischen Mittelkasse geführt hat (Reckwitz 2017, 273 ff.). Auch die hohe Bedeutung der Dienstleistungsökonomie, der technologische und demographische Wandel haben zu mehr Flexibilität der Wohnstandorte, einem Anstieg der Einpersonenhaushalte sowie einem Aufbrechen traditioneller Geschlechterrollen und Familienmodelle geführt (Häußermann et al. 2004, 11 ff.). Diese Faktoren trugen und tragen dazu bei, das Wohnen und den Wohnort als identitätsstiftenden Wert zu stilisieren und Lebensstile dafür zu instrumentalisieren.

Demgegenüber relativiert der angebotsseitige Ansatz den Einfluss der Wohnungsmieter und -käufer. „A broader theory of gentrification must take the role of producers as well as consumers into account, and when this is done, it appears that the needs of production – in particular the need to earn profit – are a more decisive initiative behind gentrification than consumer preference" (Smith 1979a, 540). Prominent ist hier die *Rent Gap Theory* von Neil Smith (1979a; 1979b), die das Handeln immobilienwirtschaftlicher und staatlicher Akteure für die sozialräumliche Aufwertung in den Vordergrund stellt. Die *Rent Gap*, verstanden als Renditelücke, resultiert aus der Differenz zwischen aktuell tatsächlich erzielter und potenziell erzielbarer Rendite für Wohnimmobilien. Die tatsächliche Rendite spiegelt sich in der Miete bzw. dem Kaufpreis wider. Der Preis wiederum ist Ausdruck dafür, was auf dem Immobilienmarkt verlangt werden kann; er deckt sich aber nicht notwendig mit dem Wert der Immobilie, der sich aus der investierten Arbeit zur Errichtung und Erhaltung dieser ergibt. Da es sich bei Gentrifizierung um Orte mit in der Regel sanierungsbedürftiger Bausubstanz handelt, somit um Immobilien mit niedrigem Wert und potenziell hohem Preis, ist die Renditelücke hier besonders hoch. Bemerkenswert ist, dass sich die erzielbare höhere Rendite mitunter bereits in der Frühphase der Gentrifizierung einstellt, wenn trotz geringer Ausstattungsqualität überdurchschnittlich hohe Mieten verlangt werden können, die mit der räumlichen Lage argumentiert wird (Krätke 1995).

Beiden Ansätzen fehlt jedoch der Baustein, der das Handeln der beiden Akteursgruppen ins Rollen bringt: Bevor die kapitalistische Verwertungslogik (in Wert gesetzt waren die Wohnungen bereits zuvor schon) ihre Wirkung entfalten kann, ist eine kulturalistische Indoktrinierung nötig, die gentrifizierte Orte als exklusive Wohnorte besonderer Identitätsstiftung ausweist, um sich von anderen sozialen Schichten absetzen zu können. Das idealtypische Modell des doppelten Invasions-Sukzessions-Zyklus von Dangschat (1988) greift diesen Aspekt auf, indem es Phasen der symbolisch-kulturellen Umwertung mit Phasen der baulichen und sozialen Umwertung verknüpft (⟶ Abbildung 8). Der von Pionieren geprägte erste Zyklus ist durch neuartige kulturelle Einrichtungen im Quartier wie Ateliers, *Ethnic-food-Shops* oder *Co-Working-Spaces* charakterisiert. Die Pioniere sind auf günstige Mieten angewiesen und verdrängen teilweise alteingesessene einkommensärmere Haushalte. Dieser Verdrängungsprozess setzt sich mit dem Eindringen der Gentrifier – jener Haushalte also, die in die sanierten teuren Wohnungen ziehen – im zweiten Zyklus verstärkt fort und schließt die für das neue kulturelle Ambiente verantwortlichen Pioniere zum Teil mit ein.

Gentrifizierung kommodifiziert somit nicht nur die Wohnung bzw. das Wohnen, sondern verleiht auch dem veränderten sozial-kulturellen Flair eines Ortes einen kapitalisierbaren materiellen Wert. Die Entwertung des bisherigen sozialen und kulturellen Kapitals wird dabei als Nebenwirkung billigend in Kauf genommen.

Videotipps | Mit welchen Konsequenzen müssen Einkommensarme durch Gentrifizierung leben?
https://www.youtube.com/watch?v=AA-MvlSud8E
https://www.youtube.com/watch?v=-Omt033zLNA
https://www.youtube.com/watch?v=ObGFgkjkx6I

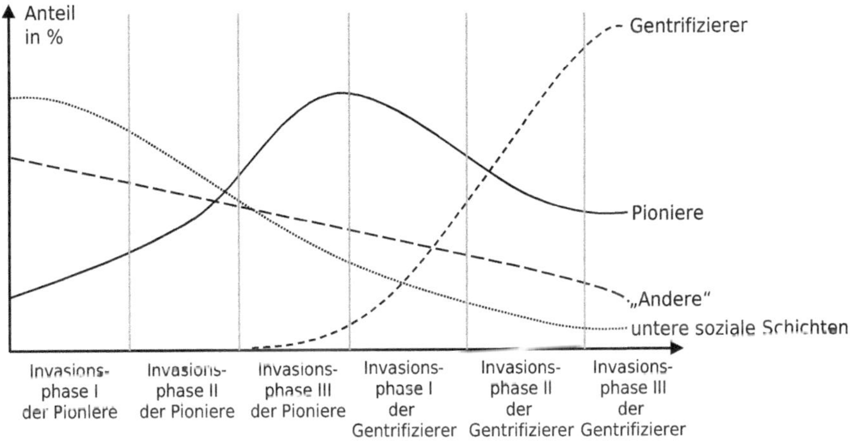

Abb. 8: Der doppelte Invasions-Sukzessions-Zyklus der Gentrifizierung
Quelle: in Anlehnung an Dangschat 1988, 281

Wie und warum kommt es zu räumlicher (Un-)Gerechtigkeit?

Neben der Gentrifizierung gibt es mit der verschärften Form der *Gated Communities* (den eingezäunten und überwachten Wohnvierteln) und der Suburbanisierung (dem bevorzugten Wohnen im Stadtumland) weitere Phänomene der residentiellen Segregation. Ihr allgemeines Kennzeichen hat Richard Sennett (1970, 42) für US-amerikanische Vororte bereits vor über 50 Jahren mit „Feeling common bonds without common experience“ beschrieben. Darin drückt sich das Bemühen aus, klassenübergreifenden sozialen Konflikten aus dem Weg zu gehen: „The desire of people [...] is to live in a functionally separated, internally homogeneous environment; that is the crux of the matter“ (ebd., 70).

Dass sich Klasseninteressen in dieser, aber auch in anderen Formen durchsetzen, zeigt, dass geographischer Raum keine neutrale Gegebenheit ist (Fainstein 2010; Marcuse et al. 2009; Alisch und Dangschat 1998). Er unterliegt Wertungen sozialer Gruppen (die sich in ihrer Zusammensetzung verändern), um deren Durchsetzung gerungen wird. Soziale Kontrolle und Steuerung oder die Auseinandersetzung mit Ansprüchen werden räumlich eingeschrieben. Beispiele sind der selektive Zugang zu Wohnraum oder Stigmatisierung von Gegenden als Armutsviertel.

Im neoliberalen Paradigma verschärfen sich Zugangs- und Verteilungskonflikte, da möglichst viele Lebensbereiche einer wirtschaftlichen Verwertungslogik unterworfen werden. Wohnen, Gesundheit, Bildung oder Mobilität werden nicht primär als Teil einer sozialen Infrastruktur aufgefasst, sondern in ihrem Warenwert (Kommodifizierung) beurteilt. Über Mechanismen der räumlichen Exklusion und Inklusion werden Fragen der sozialen Gerechtigkeit in solche der räumlichen Gerechtigkeit übersetzt. Nach David Harvey (2009, 96 ff.) gehören Bedürfnisse (*needs*), der Beitrag zur Wohlfahrt (*contribution to common goods*) und gerechtfertigte Leistungen (*merits*) zu den zentralen Kriterien einer Beurteilung sozialer Gerechtigkeit im räumlichen Kontext. Bedürfnisse wie Wohnen, Essen oder Gesundheit sind für alle Menschen elementar, lassen sich durch eine räumlich ungleiche Bereitstellung der *common goods* jedoch nicht gleichermaßen befriedigen. Ein räumlicher Ausgleich über *merits* ist dann gesellschaftlich gerechtfertigt, wenn er dem Gemeinwohl und nicht Partikularinteressen dient (z. B. Deichbau in Überschwemmungsgebieten).

Mit der sich ausbreitenden Warenlogik wächst die räumliche Ungerechtigkeit in den einzelnen Lebensbereichen, erstreckt sich aber auch auf den Raum insgesamt und bedingt „[...] eine noch nie dagewesene, systematische Kommodifizierung der Quartiersentwicklung [...]“ (Kaltenbrunner und Schnur 2004, 374). Kapital, das in der Güter- und Dienstleistungsproduktion nicht profitabel investiert werden kann, wird auf den Immobilienmärkten investiert und sorgt für eine zeitweilige Lösung der Renditeerwartungen. Harvey (2001) nennt dies *spatio-temporal fix*, wobei ‚fix‘ sowohl eine Fixierung als auch eine Problemlösung für das Anlagekapital bedeutet. Da Immobilieninvestitionen dort realisiert werden, wo hohe Profitabilität zu erwarten ist (in baulich aufwertbaren wie in touristischen Boomregionen), ist der ‚fix‘ regional und lokal selektiv. Infolgedessen wirkt er auch sozial selektiv.

Räumliche Ungerechtigkeit wächst insbesondere dort, wo staatliche Kompensationsmaßnahmen ausbleiben. Auf der Basis mehrerer Studien verweist Holm (2019, 100) auf ein Defizit von etwa 4,2 Millionen Sozialwohnungen in Deutschland und eine sinkende Leistbarkeit der Mieten in zahlreichen Großstädten. Umgekehrt verfügen private Wohnungsgesellschaften wie *Vonovia* (ca. 350.000 Wohnungen in Nordrhein-Westfalen) oder *Deutsche Wohnen* (ca. 150.000 Wohnungen in Berlin) über große wirtschaftliche Macht auf städtischen Immobilienmärkten (Vollmer 2018, 32). Hinzu kommt, dass sich die investive Bewertungslogik auf weitere Bereiche wie die lokale und regionale Infrastrukturausstattung erstreckt und soziale Ungleichheit vertieft, statt ihr entgegenzuwirken.

Wie wirkt Umweltungerechtigkeit auf prekäre Lebensbedingungen?

Geographische Räume als Einheiten aus materieller (gebaute Umwelt), relationaler (Beziehungen) und sprachlicher (Begriffe) Dimension verfügen über eine eigenständige Bedeutung, die persönliches und soziales Leben beeinflusst. Als solche können diese Einheiten keine exakt abgrenzbaren (administrativen) Territorien sein, selbst wenn sie aufgrund der Datenprojektion als solche repräsentiert werden. Aus der sozialen Perspektive der Menschen, die Interessen verfolgen, Ansprüche artikulieren und Bedürfnisse zu befriedigen versuchen, tritt räumliche (Un-)Gerechtigkeit als Umwelt(un)gerechtigkeit in Erscheinung. Die Synthese von sozialen und räumlichen (Un-)Gerechtigkeiten macht dann die unterschiedlichen Lebensumstände – von den lokalen bis zu den globalen Maßstäben – konkret. Es ist ein Sichtbarmachen, hier von Armut, das allerdings nicht mit Armut selbst gleichgesetzt werden kann.

Ein beispielhaftes Phänomen von Umweltungerechtigkeit ist die räumlich unterschiedliche Lebenserwartung in Deutschland. In einer statistischen Untersuchung für den Zeitraum 2015 bis 2017 auf der Ebene der 402 Kreise kommen Rau und Schmertmann (2020) zu dem Ergebnis, dass die Lebenserwartung bei Männern um mehr als fünf und bei Frauen um knapp vier Jahre variiert. Sehr hohe Lebenserwartungen finden sich in Baden-Württemberg und Südbayern, sehr geringe in Sachsen-Anhalt, Thüringen und Mecklenburg-Vorpommern (→ Abbildung 9). Hier manifest sich somit eine regionale *Ortsrente*; ein Begriff, den Milanović (2016, 11) für den Vorteil, in einem reichen Land geboren zu sein, geprägt hat.

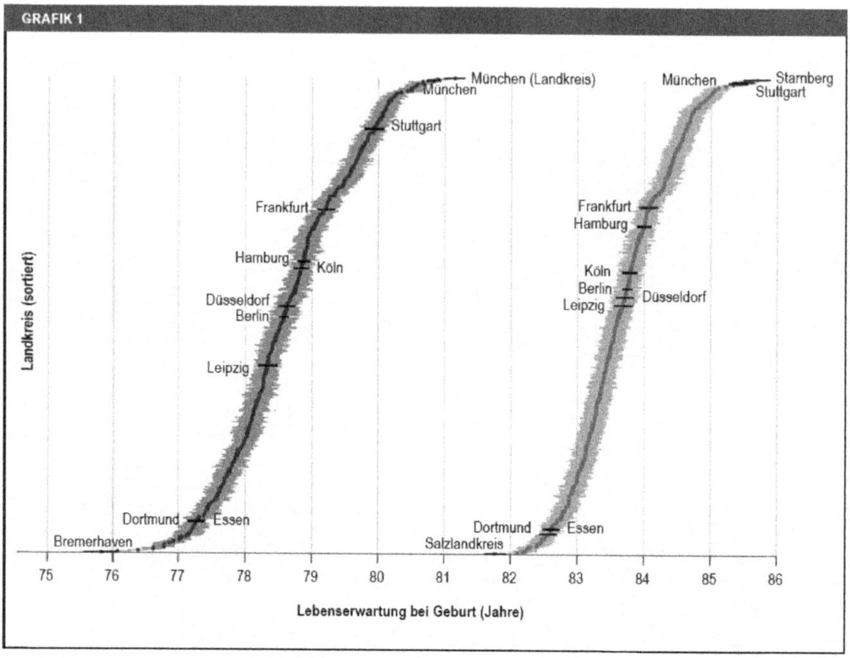

Lebenserwartung bei Geburt für Männer (blau) und Frauen (rot)
Schätzungen der Lebenserwartung in den 402 deutschen Kreisen (inklusive 80-%-Unsicherheitsintervalle zwischen dem 10-%- und dem 90-%-Perzentil der wahrscheinlichen Werte). Die zehn größten Städte Deutschlands sowie die Kreise mit der höchsten und der niedrigsten Lebenserwartung für Frauen und Männer wurden hervorgehoben.

Abb. 9: Lebenserwartung der Frauen und Männer in Deutschland
Quelle: Rau und Schmertmann 2020, 494

Zu materieller Armut kommt es, wenn sowohl zu wenig Geld als auch zu wenig Angebote zur Deckung der Grundbedürfnisse vorhanden sind. Hinzu kommen prekäre Wohnverhältnisse, Lärm, schlechte Luft, wenig Grünflächen und öffentliche Plätze mit hoher Aufenthaltsqualität. All dies reduziert die Möglichkeiten, sein Leben nach eigenen Präferenzen zu gestalten, was sich wiederum gesundheitlich auswirkt – und damit die Lebenserwartung reduziert. Das Fazit der Studie, die „Lebensstandards für ärmere Teile der Bevölkerung zu verbessern" (ebd., 493), kommentiert Sussebach in einem Dossier der *Zeit*: „Es wäre also ein Euphemismus, zu behaupten, dass Reiche länger leben. Arme sterben früher. So ist das" (Sussebach 2020, 17).

Besonders ausgeprägt manifestiert sich Umweltungerechtigkeit für wohnungs- und obdachlose Menschen, fehlen ihnen doch sämtliche Handlungsspielräume. Ihre Zahl ist in Österreich zwischen 2008 und 2017 um 3.800 auf knapp 22.000 weiter gestiegen. Im statistischen Schnitt sterben wohnungslose Männer um 20 Jahre früher als der Durchschnitt aller Männer (Till 2019). Extreme Armut, das zeigen diese Zahlen unverblümt, existiert auch in einem wohlhabenden Land wie Österreich.

Videotipps | Wie wirkt Umweltgerechtigkeit auf prekäre Lebensbedingungen?
https://www.youtube.com/watch?v=dREtXUij6_c
https://www.youtube.com/watch?v=QhcDkbWxDug

Wovon hängt die räumliche Gleichwertigkeit von Lebensverhältnissen ab?

Die Maßstäbe für die Beurteilung von Gerechtigkeit sind vielfältig, sie tangieren solche der Verteilung, Chancen, Teilhabe und Leistung sowie des Zugangs. Dies gilt auch für Fragen der Umweltgerechtigkeit, deren politische Realisierung sich an entwickelten räumlichen Strukturen und Funktionen orientiert, ohne sie als unabänderlich hinzunehmen. Hierfür steht in Europa ein differenziertes Planungs- und Ordnungsinstrumentarium zur Verfügung, das von den Gemeinden bis zur supranationalen Ebene der Europäischen Union reicht. In Deutschland ist der gerechtigkeitspolitische Leitgedanke als *Gleichwertigkeit der Lebensverhältnisse* im Grundgesetz verankert, mit dem Ziel, eine angemessene „Versorgung mit Dienstleistungen und Infrastrukturen der Daseinsvorsorge“ zu gewährleisten und „Chancengerechtigkeit“ zu sichern (Dejure.org 2021). Was unter ‚angemessen‘ zu verstehen ist, unterliegt der politischen Interpretation.

Öffentliche Leistungen der infrastrukturellen Daseinsvorsorge tragen, wenngleich regional in unterschiedlichem Ausmaß, zur Linderung von Armutslagen bei. In einer Studie für Deutschland, die die übliche, auf das Einkommen reduzierte Armutsmessung um den Beitrag der öffentlichen Leistungen und regional divergierenden Lebenshaltungskosten erweitert, kommen Hillringhaus und Peichl (2010, 1) zu dem Schluss, dass „die derzeitige Armutsberichterstattung die Armutsquote für Nord-, Ost- und Westdeutschland überschätzt, wohingegen eine Unterschätzung für den Süden der Republik erfolgt“. Als öffentliche Leistungen wurden die Ausgaben für ‚Schule‘, ‚Wissenschaft, Forschung und Kulturpflege‘, ‚soziale

Sicherung' und ,Gesundheit, Sport und Erholung' der einkommensbasierten Armutsquote eingerechnet.

Für den Zeitraum 1997 bis 2006 weisen die Ergebnisse für das gesamte Bundesgebiet zudem darauf hin, dass eine durchgängige Überschätzung der Armutsquote für Alleinerziehende und Familien mit Kindern vorliegt, wohingegen für Alleinstehende und Familien ohne Kinder die Armutsquoten unterschätzt werden.

Im Zusammenhang mit Umweltgerechtigkeit stehen armutspolitische Debatten somit vor der Herausforderung, eine mehrfach abwägende Differenzierung vorzunehmen. Zum einen hängt der Bedarf nach öffentlichen Leistungen von individuellen und sozialen Umständen der Empfänger:innen wie der Lebensphase, der familiären oder Haushaltszusammensetzung und der persönlichen Präferenzen ab. Ihre Inanspruchnahme ist an konkrete Personen gebunden und unterliegt einer subjektiven Wertschätzung (wird ein kostenloser Kindergartenplatz oder ein monetäres Äquivalent bevorzugt?). Zum anderen steht die Ausrichtung staatlicher Sozial- und Infrastrukturpolitik im Fokus. Es gilt abzuwägen, ob einer individuellen Unterstützung von Haushalten in Form direkter Geldtransfers oder eines kostenlosen Angebots elementarer Dienstleistungen und Infrastrukturen Vorrang eingeräumt wird. Im ersten Fall können individuelle Verantwortung und Autonomie, gleichzeitig aber auch staatlicher Paternalismus gefördert werden. Im zweiten Fall führt die Bereitstellung entsprechender Angebote weder automatisch zur Überzeugung ihrer Nutzung noch zur garantierten Überwindung von Armutslagen. Unabhängig davon zeigen Untersuchungen wie jene von Hillringhaus und Peichl (2010), wie wichtig eine Berücksichtigung der lokalen Besonderheiten für eine umweltgerechte Armutspolitik ist (dies wird in ihrer Studie auch durch eine Berücksichtigung regional differenzierter Lebenshaltungskosten deutlich).

Welchen Beitrag leistet die Theorie fragmentierender Entwicklung zur Frage der Raumgerechtigkeit?

Armut und Deprivation sind Bedingungen, unter denen Menschen leiden. Geographische Räume – vom Wohnort über die Stadt bzw. das Dorf bis hin zum Staat – nehmen Einfluss darauf, wie sich diese Bedingungen konkret auf das Leben der Menschen auswirken. Umgekehrt trägt auch die erzwungene Lebenslage armer Menschen zur Gestaltung ihrer räumlichen

Umwelt bei. Dabei wird theoretisch wie auch methodisch häufig von einer Homogenität der sozialräumlichen Eigenschaften innerhalb dieser Raumeinheiten ausgegangen. Auch wenn noch rudimentäre Bereiche existieren (z. B. zählt jede Wähler:innenstimme gleich viel), so spricht angesichts deutlicher Unterschiede in elementaren Fragen der Mitwirkungs-, Verteilungs-, Chancen- und Zugangsgerechtigkeit kaum mehr etwas für diese Annahme. Weder Staaten noch lokale Milieus sind im umfassenden sozialen Sinn so homogen, wie dies mitunter (durch aggregierte Daten) empirisch suggeriert wird.

Neben Debatten einer nationalstaatlichen Deterritorialisierung (Cauvet 2011), die im Zuge politökonomischer und informationstechnologischer Globalisierung und Regionalisierung herrschaftspolitisch argumentiert, bietet die Theorie der *fragmentierenden Entwicklung* von Fred Scholz (2002) einen alternativen Ansatz, soziale Disparitäten räumlich zu beschreiben und zu erklären. Räumliche Fragmentierung von Lebensbedingungen ist das Ergebnis global durchgesetzter kapitalistischer Marktprinzipien der Privatisierung, De- und Reregulierungen sowie einer Austeritätspolitik, die sich einerseits „in lokaler Standortschwäche und exzessiver Standortfluktuation, in Arbeitslosigkeit und Ausgrenzung (Exklusion), in Marginalisierung, Verelendung, lokaler und globaler Massenarmut [...]" (Scholz 2002, 7) niederschlägt. Andererseits kommt es in Form globalisierter Städte zu lokalen Reichtumsinseln. Aufgrund unterschiedlicher Entgrenzungsprozesse (hinsichtlich Reichweite und Dynamik) führen Analysen und Bewertungen zu Wohlstand bzw. Deprivation mit einem territorialen Raumkonzept zu unzulässigen Nivellierungen. Dies gilt gleichermaßen für Länder („Deutschland ist ein reiches Land") wie für Städte („Lagos ist eine arme Stadt"). Das in → Abbildung 10 dargestellte räumliche Muster für die weltweite Fragmentierung gilt entsprechend auch für die lokale Fragmentierung.

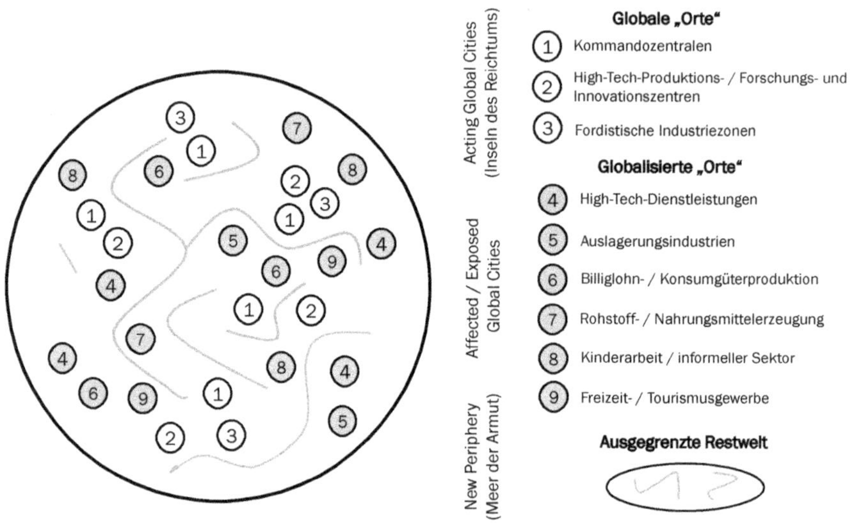

Abb. 10: Das Modell globaler Fragmentierung
Quelle: in Anlehnung an Scholz 2002, 7

Nicht abgebildet ist die zentrale Bedeutung der Beziehungen innerhalb und zwischen den globalen und globalisierten Orten. Sie bilden ein Netzwerk, in dem Waren, Personen, Kapital und Wissen selektiv zirkulieren (*space of flows*) und sich den Zwischenräumen (der *new periphery*) gegenüber gleichgültig zeigen. Armutslagen lassen sich so unsichtbar machen.

Wie beeinflusst der Raum die Wahrnehmung von Armut methodisch?

Begriffe wie „Armsein“ oder „unter prekären Bedingungen leben“ sind Versuche, einen Zustand, eine Situation oder Phase im Leben eines Menschen zu beschreiben. Sie sind aber nicht als diskriminierende Zuschreibungen auf Menschen zu verstehen. Armut definiert Menschen nicht und reduziert sie auch nicht auf diese Situation. Begriffe, aber auch Daten, Karten, Grafiken und vieles andere mehr sind vermittelnde Instanzen; es sind Modelle, mit deren Hilfe Wirklichkeiten verstanden werden sollen. Das Problem der Zuschreibung liegt somit nicht in den Modellen selbst, sondern in ihrer verkürzenden Gleichsetzung mit dem zu beschreibenden Sachverhalt.

Äußerungen wie „Armenviertel", „Elendsquartiere" oder „abgehängte Regionen" unterliegen der Gefahr einer Gleichsetzung von Armut und Raum ebenso. Auch im Wissen dieser Gefahr treten spezifische methodische Implikationen einer räumlichen Armutsbeschreibung hinzu (die allgemein für alle Verräumlichungen von Daten gelten), die es bewusst zu berücksichtigen gilt. Hierzu gehört die Wahl der räumlichen Darstellungskategorie, die in der Regel dem raumfüllenden und exakt begrenzten Typ eines vorgestellten Containers entspricht. Jede Form der Aggregation von Informationen wird dadurch räumlich – z. B. für eine Gemeinde, ein Bundesland oder einen Wahlbezirk – nach innen als homogen repräsentiert. Eine Fläche wird wie ein Punkt behandelt.

Neben der Raumkategorie beeinflusst die Wahl der Raumeinheit die Darstellung des Ergebnisses. Das unter dem Stichwort *Modifiable Areal Unit Problem* (MAUP) bekannte Problem (Openshaw 1981) bezeichnet die maßstabs- und zonierungsabhängige Variation statistischer Ergebnisse und trifft gleichermaßen auf zeitliche sowie soziale Einheiten zu. In Abhängigkeit der gewählten maßstäblichen Raumeinheit nehmen, für den selben Datensatz, statistische Zusammenhänge unterschiedliche, mitunter gar gegensätzliche Ausprägungen an. Gleichermaßen ist dies für die Form und maßstabsunabhängige Größe der meist territorialen Raumgebilde zu bedenken, da beide Eigenschaften auf politischen Entscheidungen beruhen, analytisch jedoch eine Verzerrung in der Interpretation der Daten mit sich bringen. Trotz unterschiedlicher Größe (nach Fläche oder Bevölkerung etwa) und unterschiedlichen Zuschnitts werden dann Gemeinden oder Bundesländer als raumgleiche Einheiten miteinander verglichen – ein Vergleich, der nur mit entsprechender Gewichtung der Einflussgrößen zulässig ist. Mit Hilfe von Rasterkarten, die gleich große und gleichförmige Zellen verwenden, lassen sich derartige Zonierungsprobleme überwinden. Beispiele rasterbasierter Darstellungen sind der „Monitor der Siedlungs- und Freiflächenentwicklung" des Leibniz-Instituts für ökologische Raumentwicklung (IÖR 2020) oder die für demographische, wohnungs-, arbeitsstätten- und erwerbspersonenbezogene Daten angebotenen regionalstatistischen Rastereinheiten von Statistik Austria (Statistik Austria 2020a).

Mit einer bewussten Verzerrung von Raumeinheiten, die diese durch Gewichtung von Variablen schrumpfen oder wachsen lässt, bieten *Cartograms* einen alternativen und intuitiven Zugang zu einer verräumlichten Darstellung. → Abbildung 11 illustriert dies für den multidimensionalen *Armutsindex* (MPI) nach Alkire und Foster. Das relative Auftreten von Deprivation (farblich variiert) wird durch die Gewichtung mit der Bevölkerung des Landes plastisch hervorgehoben.

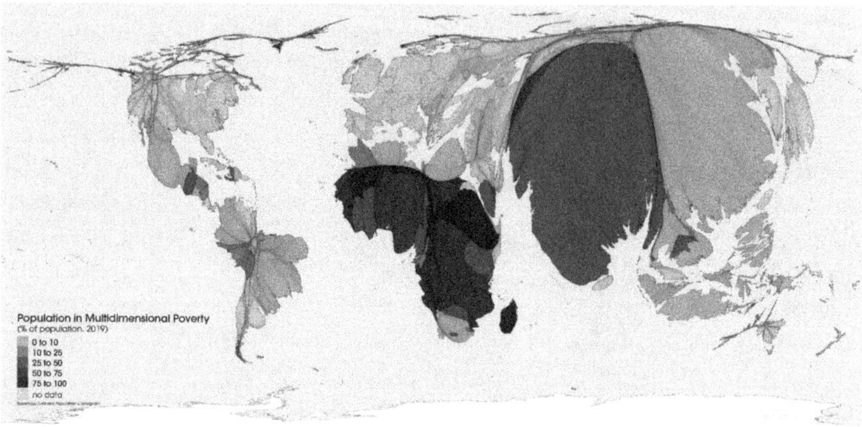

Abb. 11: Rasterbasiertes Kartogramm zur Darstellung des MPI
Quelle: Worldmapper.org 2021

Geographischer Raum ist also kein neutraler methodischer Faktor in der Darstellung von Armut und Ungleichheit.

Welche sozialen Schlussfolgerungen lassen sich aus der Analyse räumlicher (Un-)Gerechtigkeit ziehen?

Armut und Ungleichheit resultieren, wie dies die gentrifizierungsbedingte Verdrängung, die regional variierende Lebenserwartung (im doppelten Wortsinn) oder die fragmentierende Entwicklung von Lebenschancen exemplarisch verdeutlichten, wesentlich aus einem globalen Netzwerk von Kapital-, Daten- und Informationsströmen (dem relationalen *space of flows*), die sich konkret im Lokalen niederschlagen. Nationalstaatliche Versuche, die Funktionsfähigkeit dieser Mechanismen aufrechtzuerhalten und darüber die politische Lösung gesellschaftlicher Probleme zu begründen, tatsächlich aber Armut und Ungleichheit fortzuschreiben, zeugen von einem Festhalten an überkommenen räumlich-politischen Denkmustern in territorialen Containern.

Eine Zielperspektive, der gleichzeitigen Entgrenzung von Gleichheit und Ungleichheit Rechnung zu tragen und auf diese Weise jene Denkmuster aufzubrechen, besteht darin, dem Lokalen eine umfassende Eigenständigkeit zu verleihen. Fragen der räumlichen bzw. Umweltgerechtigkeit – auch und gerade unter Armuts- und Ungleichheitsgesichtspunkten – werden im lokalen Zusammenhang gestellt und in lokaler Autonomie gelöst. Dem Problem der lokalen Entfremdung wird Vorrang gegenüber dem Problem der räumlichen Verteilungsgerechtigkeit eingeräumt.

Die Logik des Gedankens entspringt der Kritik am Wesen des neoliberalen Kapitalismus. Sein Interesse, das „Zusammenspiel von kapitalistischer »Landnahme«, sozialstaatlicher »Aktivierung« und kultureller »Beschleunigung« (Rosa 2015, 31) am Laufen zu halten, sorgt für eine dauerhafte Aufrechterhaltung sozialer Ungleichheit und gesellschaftlicher Fragmentierung. Neben sozialpsychologischen Gründen sieht Hartmut Rosa den entscheidenden Grund in einem einseitigen Vorrang der Lösung des Problems der Verteilungsgerechtigkeit vor dem der Entfremdung. Dabei darf nicht übersehen werden, dass die Konzentration „auf die Frage der Verteilungsgerechtigkeit [...] niemandem anderen als dem neoliberalen Gegner in die Hände spielt [...]“ (ebd., 29).

Dies ist deswegen der Fall, weil die Forderung nach Verteilungsgerechtigkeit gleichbedeutend mit einem Verbleib im kapitalistischen Verwertungssystem ist. Es ließen sich zwar manche Spielregeln ändern, das Spiel selbst aber nicht. In Anlehnung an Marx ist die Entfremdung der Arbeit und des Lebens Ursache von Ungerechtigkeit und daher das neoliberale Steigerungsspiel in Frage zu stellen: „Erst wenn die Sozialkritik die Frage nach der Entfremdung und ihrem Gegenteil, dem gelingenden Leben, zu ihrem ureigentlichen Thema macht, löst sie sich aus dem unheilvollen Pakt mit dem Neoliberalismus“ (Rosa 2015, 35). Dieser Emanzipationsanspruch erstreckt sich auch auf den lokalen Raum.

Welche räumlichen Schlüsse lassen sich aus der Analyse räumlicher (Un-)Gerechtigkeit ziehen?

Probleme der Armut und sozialen Ungleichheit lassen sich über territoriale Eingrenzungen nicht nachhaltig lösen. Daraus folgt nicht, dass Territorien bedeutungslos seien. Solange das Privateigentum absoluten Vorrang vor anderen gesellschaftlichen Ansprüchen besitzt, wie dies u. a. in der EU in der

Abwägung von Privateigentum und sozialen Bedürfnissen der Fall ist (Shah 2019, 21), wird es eine territoriale Bezugnahme auf den Nationalstaat oder die Gemeinde geben (z. B. des Rechtsschutzes). Dies gilt abgeleitet auch für viele andere Bereiche wie Sozial-, Migrations- oder Steuerpolitik.

Hier geht es stattdessen nun darum, die Vorstellung territorialer Eingrenzung für soziales und politisches Handeln aufzubrechen und dem lokalen Raum, dem Ort, einen Vorrang einzuräumen. Mit der Idee des Territoriums verbindet sich das räumliche Bemühen, eine soziale Vereinheitlichung nach innen (Inklusion) und eine soziale Andersartigkeit nach außen (Exklusion) aufrechtzuerhalten, die zu hinterfragen ist. Denn während die unterschiedlichsten Exklusionen durch Institutionen und Normen durchgesetzt werden, deren Wirksamkeit homogene Raumkonstrukte voraussetzt, ist Inklusion ein universeller Begriff, der das gleichberechtigte Zusammenleben aller Menschen zum Ziel hat. Daraus folgt, dass der lokale Raum nicht als territoriale, sondern als materiell-relationale ‚Einheit' zu verstehen ist (Dangschat und Alisch 2012, 44; Berking 2006, 67). Dies wiederum bedeutet, Ort und Gemeinschaft gerade nicht als sich perfekt überlagernde, zusammengehörige Identität aufzufassen (Massey 2016, 197).

Mit dem Aufbrechen wird das Lokale als eine Überlagerung zahlreicher und vielfältiger sozialer Beziehungen sichtbar, ohne eine einzige und eindeutige Grenze zu benötigen (P.M. 2015, 147 ff.). Lokale Beziehungen sind nicht ausschließlich nahräumlich, beispielsweise schließt der Einkauf eines T-Shirts im Geschäft vor Ort eine globale Verzahnung von Ressourcen, Arbeit, Logistik und Wertschöpfung ein. Lokale Beziehungen sind auch nicht immobil, sondern fließend. Die Bewegung von Menschen, Informationen, Gütern und Kapital findet immer zwischen konkreten Orten statt – ja, Umzug, Flucht, Diaspora oder Pendeln setzen Verortung komplementär voraus.

Die lokale Ebene eignet sich zur gerechten Auseinandersetzung mit Armut und sozialer Ungleichheit, weil sie Autonomie *und* Verantwortung, individuelle Freiheit *und* gemeinschaftliche Solidarität räumlich konkret zusammenführt und auf diese Weise Entscheidungen allgemein nachvollziehbar macht. Lokalität bildet sich „[...] gleichsam von selbst: in Verknüpfung jeweiliger konkreter Verhältnisse mit dem Zwang horizontaler Interaktion" (Hoffmann-Axthelm 2016, 62). Der Zwang horizontaler Interaktion ergibt sich primär normativ als „[...] Beitrag zur Schließung der Erfahrungs- und Betroffenheitslücke zwischen den auseinanderdriftenden sozialen Lagen" (ebd., 65). Die hierfür anzuwendenden Verfahrensregeln und Kompetenzzuweisungen werden später diskutiert. Aus räumlicher Sicht spricht manches dafür, dass lokale Entscheidungen der sozialen Segregation Einhalt gebieten können, weil sie den Einfluss globaler profitorientierter Wohnungsunternehmen (und anderer Akteure auf dem Immobilienmarkt) durch das lokale Wissen um deren potenzielle Folgen unmittelbar wahrnehmen und lokaldemokratisch verhandeln. Wer im Ort bleiben möchte, verkauft seine Wohnung nicht teuer, nur um dann eine noch teurere Wohnung kaufen zu müssen.

Zweifelsohne ist die lokale variable Einheit nicht in der Lage, Autonomie und Verantwortung bzw. Freiheit und Solidarität allein aus sich heraus und für sich herzustellen und zu erhalten. Das wäre auch nicht ihr Ziel und Zweck. Die Vorteile konkreter Erfahrungen und pluraler Betroffenheit im Lokalen können jedoch problemlos auf regionale Zusammenschlüsse übertragen werden. Eine soziale und räumliche Verdrängung armutsbetroffener Menschen würde als lokal- wie regionaldemokratisch legitimierbare Option verworfen, wahrscheinlich ist stattdessen eine Lösung der Armutsursachen. Da auch Regionen nicht territorial bestimmt, sondern sich problembezogen variabel konstituieren würden, käme es auch zu keinen übervorteilenden Exklusionsversuchen durch die Hintertür.

Was es demzufolge braucht, sind hybride lokal-regionale Räume, das heißt variable geographische Räume (materiell, relational), die sich aus der politischen Problemlage ergeben. Eine Wohnungs- und Bodenpolitik ist auf der regionalen Ebene anzusetzen, die Versorgung mit Gütern und sozialen Dienstleistungen sowie Migrations- und Flüchtlingspolitik auf der lokalen Ebene, Infrastrukturpolitik abgestimmt zwischen den Ebenen und soziale Steuerpolitik auf der regionalen Ebene. Voraussetzung wäre eine Lokaldemokratie, die sich ihrer eigenen Autonomie wie Verantwortung bewusst ist.

Welche Vorstellungen von geographischem Raum prägen menschliches Handeln?

Raum (im Sinne von geographischem Raum) und Gesellschaft können nicht unmittelbar gesehen, gehört, gerochen, geschmeckt oder ertastet werden. Sie sind abstrakt. Dennoch gibt es Vorstellungen von den Begriffen ‚Raum' und ‚Gesellschaft', die es erlauben, verständlich über sie zu sprechen (Rau 2013). Zu vermeiden ist dabei, Begriff und Bezeichnetes gleichzusetzen und so den Eindruck zu vermitteln, es gäbe Raum und Gesellschaft als real existierende empirische Wirklichkeit letztlich doch. Damit ist nicht gesagt, dass es Raum und Gesellschaft nicht gibt; es gibt sie nur nicht als sinnlich erfahrbare materielle Tatsache.

Raum ist – wie Zeit – nicht etwas, das außerhalb der Gesellschaft steht. Soziales Handeln ist immer auch ein „Geographie machen" (Werlen 2010, 33), deren Ausgestaltung von den konkreten politischen, ökonomischen und kulturellen Machtverhältnissen der handelnden Akteur:innen (Personen, Institutionen) bestimmt wird. Klimawandel, Ressourcenverbrauch, Artenschutz und Massentierhaltung sowie Kommodifizierung der Wohnung, des Körpers oder der Armut sind alles Beispiele, in denen sich soziale Konflikte als Raumkonflikte manifestieren. Im „Geographie machen" steckt zugleich das soziale und politische Mandat eines verantwortungsvollen Umgangs mit unserer Lebenswelt.

Ein Bestandteil von Raum ist die Begriffswelt (Klüter 1986), die soziale Gruppen in die Lage versetzt, über Räume zu sprechen und darüber soziale Interessen zu artikulieren und durchzusetzen. Begriffe wie Landschaft, Territorium oder Armenviertel assoziieren bestimmte Bedeutungsinhalte wie Einmaligkeit, Rechtsanspruch oder Marginalisierung. Sie vereinfachen auf diese Weise einerseits Kommunikation durch Komplexitätsreduktion, werden andererseits jedoch zum Problem, wenn sie sich als Stereotype verselbständigen. Hard (2002, 212) kritisiert an räumlichen Abstraktionen folgerichtig ihre ‚alltagsweltliche', ‚ganzheitliche' und ‚emotionalisierbare' Aufladung, als ob aus ihnen ohne Umschweife allgemein anerkannte soziale Wirklichkeiten herausgelesen werden könnten.

Ein zweiter Bestandteil von Raum ist die materielle Welt als natürliche und gebaute Umwelt. Soziales Handeln ist geprägt von einer Vielzahl an Gegenständen, die Autonomie *und* Abhängigkeit implizieren (Henkel 2018). Die Entwicklung gesellschaftlicher Naturverhältnisse verdeutlicht unsere Verletzlichkeit gegenüber Naturrisiken und unsere Abhängigkeit von bislang resilienten Ökosystemen. Als Lebewesen sind wir auf saubere Luft, sauberes Wasser und unbelastete Lebensmittel angewiesen, die häufig nur durch immer höheren materiellen Aufwand gewährleistet werden können. Boden und Wohnraum werden als territoriale Räume für wirtschaftliche Interessen eigentumsrechtlich gesichert. Diese Facetten machen deutlich, dass und wie ein „historisch-geographischer Materialismus“ (Belina 2017) im gesellschaftlichen Leben relevant wird, ohne jedoch auch hier die materielle Komponente von Raum mit diesem gleichzusetzen.

Die Beziehungen zwischen den materiellen Objekten oder Gütern, die nicht immer trennscharf abzugrenzen sind, bilden den dritten Bestandteil von Raum. Die Relationen sind nicht allumfassend (nicht alles hängt mit allem zusammen), sondern hängen von den sozialen Beziehungen der geographiemachenden Personen ab. Diese sind vielfältig und von unterschiedlicher Art, beispielsweise unterscheiden oder überlagern sich soziale Netzwerke der Nachbarschaft von bzw. mit jenen des Bekanntenkreises oder zu sozialer Institutionen. Im Begriff der „(An)Ordnung“ (Löw 2001, 158 ff.), der die wiederkehrenden Prozesse der Verbindung von Objekten mit ihrer temporär verwirklichten Struktur zusammenführt, findet der räumliche Netzwerkaspekt eine geeignete Veranschaulichung. Die relationale Komponente des Raumes steht damit in Analogie zur Singularität als Relation der Person zu anderen.

Die Interdependenz von Gesellschaft und Raum hängt von der Perspektive der Akteur:innen ab. In der Perspektive erster Ordnung ist man unmittelbar in ein Geschehen eingebunden, zum Beispiel als Bewohner:in eines sozial gemischten Quartiers in einen Konflikt. Eine Beobachtung zweiter Ordnung liegt vor, wenn dieser Konflikt von der Quartiersmanager:in beobachtet wird, ohne direkt Teilnehmer:in zu sein. Wenn dann die lokale Zeitung über diesen Konflikt mit einem Interview der Quartiersmanager:in berichtet, nimmt sie eine Beobachterperspektive dritter Ordnung ein. Mit jeder Verlagerung der Perspektive wechselt die Bezugnahme auf die soziale und räumliche Situation, auch wenn die Situation selbst unverändert bleibt. Das heißt, jede Bezugnahme nutzt andere *Modelle* der Repräsentation von Gesellschaft und Raum, die kompatibel aber nicht deckungsgleich sein müssen.

Da Raum (als materielle, relationale und begriffliche Synthese) somit nicht einfach existiert, sondern im sozialen Handeln auf unterschiedlichen Maßstabsebenen immer wieder hervorgebracht und dabei auch verändert wird, unterliegt er auch einer Funktionalisierung und Instrumentalisierung. Raum ist dann ein Element in sozialen Aushandlungsprozessen, das wie die Position im sozialen Netzwerk oder das ökonomische Kapital zum Einsatz kommt.

Wie beeinflusst der methodologische Nationalismus räumliches Denken in der Globalisierung?

Mit der Theorie fragmentierender Entwicklung oder den Ansätzen zur räumlichen und Umwelt(un)gerechtigkeit wurde auf die sich verändernden Geographien der Armut durch sozialräumliche Netzwerke und Globalisierungsprozesse in Wirtschaft, Technologie, Klima, Demographie und Mobilität aufmerksam gemacht. Mit diesen Prozessen haben sich auch die Debatten zu Armutslagen sowie Formen und Dynamiken sozialer Ungleichheiten verändert.
Einen Ansatz, das Verhältnis von Raum und Gesellschaft unter diesem Gesichtspunkt kritisch zu hinterfragen, bietet Ulrich Beck mit seinen Thesen zur gleichzeitigen Entgrenzung von sozialer Gleichheit und sozialer Ungleichheit (Beck und Poferl 2010; Beck 2008):

- „Zum Problem, zum Konfliktstoff werden soziale Ungleichheiten nicht, weil die Reichen immer reicher und die Armen immer ärmer werden, sondern dann und nur dann, wenn sich anerkannte Gleichheitsnormen und Gleichheitserwartungen – Menschenrechte – ausbreiten"
- „Die Wahrnehmung sozialer Ungleichheit in Alltag, Politik und Wissenschaft beruht auf einem Weltbild, das territoriale, politische ökonomische gesellschaftliche und kulturelle Grenzen in eins setzt. Tatsächlich aber wird die Welt immer vernetzter. Territoriale, staatliche ökonomische, gesellschaftliche und kulturelle Grenzen bestehen zwar weiterhin, aber sie koexistieren nicht mehr!" (Beck 2008, 11 und 16)

Beide Entgrenzungsprozesse stehen in einem Spannungsverhältnis zueinander, welches bislang nicht zu einer unumkehrbaren Auflösung sozialer Ungleichheiten geführt hat. Im Gegenteil: der Ausbreitung von globaler Gültigkeit beanspruchenden Gleichheitsnormen wird mit Versuchen unterschiedlicher nationalstaatlicher Interpretationen dieser Normen entgegengewirkt, und die zerfallende Koexistenz bislang räumlich geeinter gesellschaftlicher Tätigkeiten wird mit der Dominanz marktliberaler Prinzipen gerechtfertigt. Globale Ungleichheit wird nationalstaatlich unsichtbar gemacht – der „nationale Blick »befreit« vom Blick auf das Elend der Welt" (Beck 2008, 13). Nationale

Ungleichheit wird mit vermeintlich vorteilhafter individueller Konkurrenz auf Märkten legitimiert.

Als Ursache der weiterhin bestehenden sozialen Ungleichheiten gilt das politische und wissenschaftliche Festhalten am *methodologischen Nationalismus* (Wimmer und Glick Schiller 2002). Jegliche Ausgestaltung durchgesetzter Inklusionsmechanismen – auf Arbeits-, Wohnungs-, Bildungs- oder Gesundheitsmärkten – geht einher mit der Errichtung von Zugangsbarrieren, die der selektiven oder vollständigen Auslagerung von Zuständigkeiten dient (zum Beispiel in der Migrations- und Flüchtlingspolitik, der Anerkennung von Studienabschlüssen, dem Einkommensnachweis zur Wohnungsmiete). Territorial-administrative Grenzen auf nationaler wie auf regionaler (Bundesländer, Gemeinden) und supranationaler Ebene (EU-Außengrenze) sind der sichtbare wie symbolische Ausdruck des Bemühens, Fragen der Teilhabe über Kriterien der Zugehörigkeit zu beantworten.

Methodologischer Nationalismus heißt, dass Nationalstaaten als abgegrenzte, eigenständige und relativ homogene Einheiten verstanden werden sowie über nationale Institutionen und Gesetze legitimiert sind, und in wissenschaftlichen Untersuchungen als quasi natürliche soziale Einheit herangezogen werden (Beck und Grande 2010, 189). Methodologisch ist dieser Nationalismus, weil er auf die formalen Eigenschaften reduziert und die realpolitischen Einbettungen der Subsidiarität ausblendet.

Armut und Politik

Armut und ihre Folgen beeinflussen Politik. Das Kapitel vermittelt die Eckpfeiler und Potenziale der Armutspolitik und skizziert Gestaltungsspielräume. Modelle wie das bedingungslose Grundeinkommen und die solidarische Bürgerversicherung stellt es vor. Es beleuchtet Armut zudem aus dem Blickwinkel der Nachhaltigkeit.

Wodurch war Armutspolitik historisch geprägt?

Mit der Industrialisierung und Bürokratisierung seit dem 17. Jahrhundert haben sich nicht nur die Funktionen von Armut, sondern auch ihre Ursachen und räumlichen Ausprägungen gewandelt. Infolge von allgemein wachsender Bevölkerung, Landflucht und zunächst städtischer, später dann auch staatlicher Armenfürsorge kam es in den Städten zu einer starken Bevölkerungszunahme. Trotz wachsenden Arbeitskräftebedarfs der Industrie stieg die Zahl derer, die keine oder eine nur unzureichend entlohnte Arbeit fanden. Zunehmende Verelendung und Verarmung der urbanen Bevölkerungen waren die Folge. Diese Wirkungszusammenhänge zeichneten sich, regional unterschiedlich, zwar schon im 16. Jahrhundert durch eingeschränkte Arbeitsmärkte, niedrige Entlohnung und ständischer Abgrenzungspolitik ab (Bräuer 2008, 14 und 19), zu einer manifesten Erscheinung wurden sie dann jedoch im 19. Jahrhundert.

Die Bürokratisierung der Armut wurde in der zweiten Hälfte des 19. Jahrhunderts weiter professionalisiert. Massenarmut (zum Beispiel in England) und Statusangst der konservativen Eliten (zum Beispiel in Deutschland) waren wesentliche Ursachen dieser Entwicklung. Das bis dahin in vielen Ländern geltende Prinzip, Unterhaltsansprüche an den Aufenthalt in der Geburtsgemeinde zu binden, wurde durch die vielerorts erzwungene Landflucht und damit verbundenen Mobilität der Armen und die Einrichtung der Arbeitshäuser sukzessive aufgehoben. Eine dezentrale Armenfürsorge war aufgrund der Überforderung der Kommunen (aufgrund mangelhafter Umsetzung subsidiärer Handlungs- und Fiskalkompetenzen) die Ausnahme (Huster 2018, 347f.; Dietz 1997, 47). Der Grad an Zentralisierung hing jedoch von den jeweiligen nationalstaatlichen Strukturen ab. Anders als in England gab es zum Beispiel im Deutschland des 19. Jahrhunderts zunächst keine „[...] allgemeine, gesetzlich verankerte nationale Armutspolitik" (Lepenies 2017, 57). Erst mit der Sozialgesetzgebung durch Bismarck Ende des 19. Jahrhunderts wurde im Deutschen Kaiserreich eine Zentralisierung und Differenzierung der staatlichen Leistungen eingeführt (Huster 2018, 353).

„Ansprüche Wohnungsloser, Kranker, Pflegekinder oder Witwen wurden nun rechtlich und administrativ getrennt. Die Armen wurden staatlich „sortiert" [...]" (Dietz 1997, 48). Auf diese Weise haben sich seit Ende des 19. Jahrhunderts mit den zunehmend akzeptierten Moralvorstellungen – „arm ist, wer Unterstützung erhält" und „wer essen will, soll arbeitsbereit sein" – die bürokratischen Kriterien der Bedürftigkeitsprüfung und der

Arbeitsbereitschaft als Regel durchgesetzt und bis heute sozialpolitisch erhalten. Die Pflicht des Bedürftigkeitsnachweises wurde jedoch in der Weimarer Republik durch einen staatlich garantierten Rechtsanspruch auf soziale Leistungen ergänzt.

Welche armutspolitische Bedeutung hatten die *Poor Laws*?

Mit der Überhöhung der Arbeit und der Armenregistrierung hat sich seit dem 16. Jahrhundert auch ein Wandel in der Armenfürsorge von der Zuständigkeit der Kirchen hin zu öffentlichen Institutionen vollzogen. Als »Keimzelle des europäischen Wohlfahrtstaates« (Lepenies 2017, 24) gelten dabei die englischen *Poor Laws*, die als Folge einer dramatischen Verschlechterung der Lebenssituation immer größerer Bevölkerungsgruppen durch Missernten, Hungersnöte, Preisanstiege bei Grundgütern, Arbeitsplatzmangel und einer stark wachsenden Bevölkerung eingeführt wurden.

Einerseits wuchs der Druck zu handeln. Die Umsetzung der steuerfinanzierten Armengesetze lag in der Verantwortung der Gemeinden. Sie konnten den Armen Geld auszahlen oder ihnen Kleidung und Essen aushändigen. Auch die Übernahme der Wohnungsmieten war möglich. Andererseits gab es weder einheitliche Regeln, wer nach welchen Kriterien unterstützungsberechtigt war, noch einen allgemeinen Fürsorgeanspruch. Im Vordergrund stand die Linderung der größten Notlagen, um Aufstände der Armen zu verhindern. „Die Armut nachhaltig zu bekämpfen war nicht das Ziel. [...] Die Armengesetze waren keine Regelungen für die Armen, es waren Bestimmungen gegen sie", so Lepenies (2017, 27 f.).

Da die Zahl der Hilfsempfänger und die Ausgaben zur Armutsbekämpfung stetig zunahmen, war die Funktion der Armen, als billige Arbeitskräfte zur Verfügung zu stehen, politisch und wirtschaftlich kaum mehr zu legitimieren. Die damalige Kritik an den Armengesetzen übersah jedoch, dass die (zu) niedrigen Löhne ursächlich für diese Entwicklung waren. Stattdessen erlebte im 18. Jahrhundert die Vorstellung, Armut sei natur- oder gottgegeben, eine Renaissance. Das eigentliche Ziel hinter dieser Vorstellung galt der Aufrechterhaltung der bestehenden sozialen Ordnung und damit der Besitzstandswahrung der wohlhabenden Schichten. Mit der Einführung von Arbeitshäusern, die Zuchtanstalten zur Abschreckung von Fürsorgeansprüchen glichen, versuchten prominente Profiteure wie der Mediziner, Geologe und Priester Joseph Townsend, der Philosoph und Jurist

Jeremy Bentham oder der Moralphilosoph Adam Smith einen gesamtgesellschaftlichen Nutzen zu begründen. Als Mittel dazu diente die Unterstellung, Arme neigten grundsätzlich zu Kriminalität, Faulheit, Müßiggang und Vergnügungssucht. Ihnen mehr Geld oder sonstige Leistungen zukommen zu lassen, wäre widersinnig. Tatsächlich widersinnig ist es allerdings – bis heute –, sie von Opfern der gesellschaftlichen Verhältnisse zu Tätern individueller Selbstschuld zu stilisieren.

Für Townsend bestand der Nutzen in der moralischen Arbeitsteilung: Während die Armen zwar nur einen kleinen Lohn für ihre Arbeit erhielten, so waren sie doch zugleich von der Übernahme großer gesellschaftlicher Verantwortung entbunden, die auf den Schultern der Wohlhabenden lastete. Für Bentham lag der Nutzen in einer erhöhten Effizienz der Armenorganisation (er schrieb 1798 einen Essay über *Pauper Management Improvement*). Für Smith hingegen war es die ökonomische Arbeitsteilung, deren Produktivitätssteigerung einen allgemeinen Wohlfahrtsgewinn brachte und damit auch den Armen zugutekommen sollte. Der Reichtum der Reichen wie auch die sparsame Umverteilung zum Wohl aller verdankten sich einem göttlichen Plan oder der *unsichtbaren Hand*, „einem Mechanismus, den er später in seinem Werk *Wealth of Nations* ganz anders definieren würde" (Lepenies 2017, 45).

Wie setzt sich Armutspolitik im Speenhamland-System und den *New Poor Laws* fort?

Mit dem Speenhamland-System, dessen Name auf eine englische Ortschaft zurückgeht, in der sich 1795 Großgrundbesitzer und Priester zur Lösung der Armutsprobleme trafen, kam es zu einer gewissen Veränderung in der Praxis der Armutsbekämpfung. „Mit *Speenhamland* wurden die Armengesetze nicht länger als Vorschriften gegen die Armen, sondern für sie interpretiert" (Lepenies 2017, 35). Das ursprüngliche Ziel des Treffens, einen Mindestlohn für die Landarbeiter zu vereinbaren, wurde nicht erreicht. Dafür einigte man sich auf eine am Brotpreis ausgerichtete öffentliche Sozialhilfe, die zwar transparent und flexibel auf Preisänderungen zu reagieren vermochte, dem eigentlichen Problem des Lohndumpings aber nicht entgegentrat. Der Verelendung breiter Massen konnte auch mit diesem Ansatz nicht begegnet werden. „Aus fast allen *Poor* wurden Hilfe empfangende *Pauper*" (ebd., 36).

Mit dem Fortbestand des Armutsproblems änderte sich auch die Stoßrichtung der Kritik nicht. Das bekannte *Essay on the Principles of Population* des Theologen Thomas Robert Malthus galt vordergründig dem Verhältnis von demographischer Entwicklung und Nahrungsmittelversorgung. Dahinter stand aber vor allem eine Kritik an den Armengesetzen mit Hilfe naturgesetzlicher Pseudoevidenz. Vor allem das Knappheitsgesetz, das die Größe der Bevölkerung als Funktion des Nahrungsmittelangebots betrachtete, und das Gesetz von der Effizienz des freien Marktes, sollten als Argumente für eine Abschaffung der Armengesetze dienen. Mit der finanziellen Unterstützung der Armengesetze würden sich die Armen nur selbst schaden, weil sie sich durch Zeugung von Nachwuchs aktiv an dem mit Überbevölkerung einhergehenden Elend beteiligten.

Alle bisherigen Maßnahmen der öffentlichen Hand, die Armut in England zu bekämpfen, litten unter dem grundsätzlichen Widerspruch, Armut einerseits als natur- bzw. gottgegeben hinzunehmen und damit die bestehenden sozialen Klassenstrukturen festzuschreiben, und Armutsbekämpfung andererseits mit großem finanziellen und moralischen Aufwand zu betreiben. Dies änderte sich auch nicht mit den 1834 vom Parlament verabschiedeten *New Poor Laws.* Obwohl sich die Ausgaben durch das Speenhamland-System im 19. Jahrhundert um das 20-fache erhöht hatten (bei einer Verdreifachung der Bevölkerung in England und Wales), hat sich an der sozioökonomischen Situation der von Armut betroffenen Bevölkerung kaum etwas geändert. Die öffentlichen Gelder konnten die viel zu niedrigen Löhne der in der Landwirtschaft und Industrie Beschäftigten nicht so weit kompensieren, als dass damit ein hinreichend sicherer Lebensstandard gewährleistet werden konnte.

Der vermeintlich paradoxe Zusammenhang zwischen der Höhe der Transferzahlungen und der nicht erzielten Reduktion von Armut wurde einseitig den Armen selbst angelastet, wie beispielsweise die Ausführungen von Joseph Townsend belegen: „Nie gab es mehr Elend unter den Armen; nie kam mehr Geld zu ihrer Hilfe zusammen. Aber besonders verblüffend ist es, dass Armut und Not im selben Maß zunehmen wie die Anstrengungen, den Armen großzügige Unterstützung zu gewähren; und dass überall da, wo am meisten zu ihrer Hilfe ausgegeben wird, Elende im Überfluss vorhanden sind [...]" (Townsend in: Butterwegge 2018, 92). Dieser Zusammenhang unterschlägt dabei die reaktive Lohnpolitik der Arbeitgeber dieser Zeit, die parallel zu den Hilfszahlungen die Löhne ihrer Beschäftigten kürzten. Nur wenige haben hierauf hingewiesen, wie zum Beispiel Karl Polanyi, der in seinem 1944 erschienen Werk *The Great Transformation* die Wirkungen des Speenhamland-Systems kritisch beurteilte: „Es wurde begründet, um die Arbeitslöhne aufzubessern, also zugunsten der Arbeitnehmer, benützte aber in Wirklichkeit öffentliche Mittel zur Subventionierung der Arbeitgeber, denn der Haupteffekt des Zuschußsystems bestand darin, die Löhne unter das Existenzminimum zu drücken“ (Polanyi 1944 in: Butterwegge 2018, 93).

Über welche Gestaltungsspielräume verfügt die Armutspolitik in der Europäischen Union?

Die Europäische Union verfügt über keine eigenständige rechtswirksame Armutspolitik in den sozialpolitischen Kernbereichen der sozialen Sicherungssysteme (Krankheit, Pflege, Arbeitslosigkeit, Rente), der Versorgung (Kinder- oder Wohngeld) und Fürsorge (Sozialhilfe). Mit den *Europäischen Programmen zur Armutsbekämpfung* und der *Offenen Methode der Koordinierung* (OMK) wurden seit den 1970er-Jahren jedoch sukzessive Bemühungen der Harmonisierung des konzeptionellen Verständnisses und der Messung von Armut erzielt. Ein weitergehender Einfluss scheiterte bislang an den unterschiedlichen wohlfahrtstaatlichen Regimen der Mitgliedsstaaten, aber auch an den konträren Ansprüchen der EU zwischen solidarischer Sozialpolitik einerseits und marktliberaler Wirtschaftspolitik andererseits (Benz 2018; Fritsch und Verwiebe 2018; Litschel 2009).

Der Abbau sozialer und räumlicher Disparitäten innerhalb und zwischen den Mitgliedsstaaten erfolgt paradigmatisch über Wirtschaftswachstum, Wettbewerbs- und Stabilitätspolitik sowie territorialen Zusammenhalt mit Hilfe regionalpolitischer Fördermaßnahmen. Für die aktuelle Periode (2021–2027) liegt die soziale Komponente der Kohäsionspolitik in einer verstärkten Umsetzung sozialer Rechte, der Förderung in „hochwertige Arbeitsplätze, Bildung, Kompetenzen, soziale Inklusion und Gleichheit beim Zugang in medizinische Versorgung“ (Europäische Kommission 2021a, o.S.). Eine budgetäre Stärkung erfährt die lokal-urbane Ebene in Form einer nachhaltigen Stadtentwicklung und – neu – einer Europäischen Stadtinitiative zur Förderung der Vernetzung kommunaler Institutionen.

Bereits mit dem ersten *Europäischen Programm zur Armutsbekämpfung* (EPA) (1975–1980) lag das konzeptionelle Bestreben darin, zu einem die Einkommensarmut überwindenden Verständnis von Armut zu gelangen und Elemente des Deprivations-, Lebenslagen- und Fähigkeitenansatzes zu integrieren. Dies gelang jedoch erst mit dem dritten EPA (1990–1994), das neben der Berücksichtigung materieller, sozialer und kultureller Ressourcen aus dem zweiten EPA (1986–1989) das Problem der sozialen Ausgrenzung in die Armutsdefinition mitaufnahm. Auf dem Gipfel in Lissabon (2000) einigte man sich auf folgende Definition: „Armut und soziale Ausgrenzung werden auf eine Situation bezogen, in der Personen an der vollen Teilnahme am wirtschaftlichen, sozialen und partizipatorischen Leben und/oder Zugang zu Einkommen und anderen Ressourcen (persönlich, familiär, sozial und kulturell) so unzureichend ist, dass sie von der Teilhabe an einem Lebensstandard und an einer Lebensqualität ausgeschlossen sind, die in der Gesellschaft, in der sie leben, als akzeptabel angesehen wird. In solchen Situationen haben Personen oft keinen vollen Zugang zu ihren fundamentalen Rechten" (Rat der Europäischen Union 2001 in: Eiffe 2009, 80).

Dieses umfassende konzeptionelle Verständnis von Armut und sozialer Ausgrenzung, das Kriterien der Chancen- und Teilhabegerechtigkeit zugrunde legt, ist in seiner politischen Umsetzung gleichwohl an Kriterien kompetitiver Leistungsgerechtigkeit auszurichten. Wirtschaftspolitische Ziele von Wettbewerb, Wachstum und Beschäftigung sollen dem sozialen Zusammenhalt dienen. „Gefragt sind Markt- und Wettbewerbsfähigkeit, Deregulierung und Budgetdisziplin. Verbunden wird dies mit der Flexibilisierung von Arbeitsmärkten, dem Druck auf die Löhne, der Privatisierung von öffentlichen Unternehmen und Dienstleistungen sowie die dem Prinzip der ‚Workfare' […] folgende Umstrukturierung der Wohlfahrtsstaaten" (Litschel 2009, 618; ferner Dimmel 2009, 333). Zwar graduell durch das jeweilige nationale Wohlfahrtsstaatsmodell unterschiedlich, ist das übergeordnete Ziel des sozialen Zusammenhalts durch mehrfach abgestufte Konkurrenzbeziehungen – innerhalb der EU zwischen den Mitgliedsstaaten, innerhalb der Mitgliedsstaaten zwischen den Regionen, innerhalb der Regionen zwischen (urbanen) Zentren und (ländlichen) Peripherien – zu erreichen.

Trotz der marktliberalen Ausrichtung sozialpolitischer Programme und Maßnahmen verfügt die EU über einen großen budgetären Umverteilungsspielraum. Von den insgesamt rund 155 Milliarden Euro (2020) wurde etwa ein Drittel für „wirtschaftlichen, sozialen und territorialen Zusammenhalt" ausgegeben. Dem Europäischen Sozialfonds standen zwischen 2014 und 2020 für die Beschäftigungsförderung, die soziale Eingliederung und Armutsbekämpfung sowie Investitionen in Bildung und Qualifikation rund 80 Milliarden Euro zur Verfügung (Europäische Kommission 2021b). Für eine EU-weite Umsetzung von Mindeststandards bei Sozialleistungen oder einen

Rechtsanspruch auf Mindesteinkommen fehlen entsprechende budgetäre Hoheitsrechte bislang (Benz 2018, 775).

Um dem umfassenden Definitionsanspruch Rechnung tragen zu können, erfolgt die Harmonisierung der Messung von Armut und sozialer Ausgrenzung im Rahmen der OMK über ein breites, seit dem Lissabon-Vertrag von 2000 weiterentwickeltes Set an elf Primär-, drei Sekundär- und elf Kontextindikatoren (Eiffe 2009, 81 ff.). Auf deren Grundlage werden gemeinsame Ziele der Armutsbewältigung vereinbart, die dann Eingang in die mehrjährigen *Nationalen Aktionspläne zur sozialen Sicherheit und Inklusion* sowie den *Gemeinsamen Bericht zur sozialen Eingliederung* finden (Benz 2018, 776). Die nicht rechtsverbindliche OMK ist zudem die methodische Grundlage für EU-SILC. Mit dem *Europäischen Jahr zur Bekämpfung von Armut und sozialer Ausgrenzung* 2010 wurde im Rahmen der EU-2020-Strategie und mit Hilfe der OMK-Erkenntnisse eine Reduktion armutsbetroffener Menschen um 20 Millionen angestrebt.

Was sind die wesentlichen Eckpfeiler der Armutspolitik in Deutschland?

Mit dem Beginn der Bismarck'schen Sozialgesetzgebung hat sich in Deutschland die ursprüngliche Fokussierung der Bekämpfung von extremer Armut bis heute zu einem institutionell und funktional hochgradig ausdifferenzierten System sozialpolitischer Prävention und Intervention weiterentwickelt. Die Formen der sozialen Sicherung umfassen – dem konservativen Wohlfahrtsstaatsmodell entsprechend – Versicherungs-, Grundsicherungs-, Transfer- und Entlastungsleistungen (Bäcker 2018, 298 ff.) (→ Abbildung 12). Zu 60 Prozent ist das Sozialbudget, das 2019 bei etwas über einer Billion Euro lag und in den letzten 20 Jahren kontinuierlich um 70 Prozent gewachsen ist, beitragsfinanziert. Die übrigen 40 Prozent werden aus Steuern finanziert.

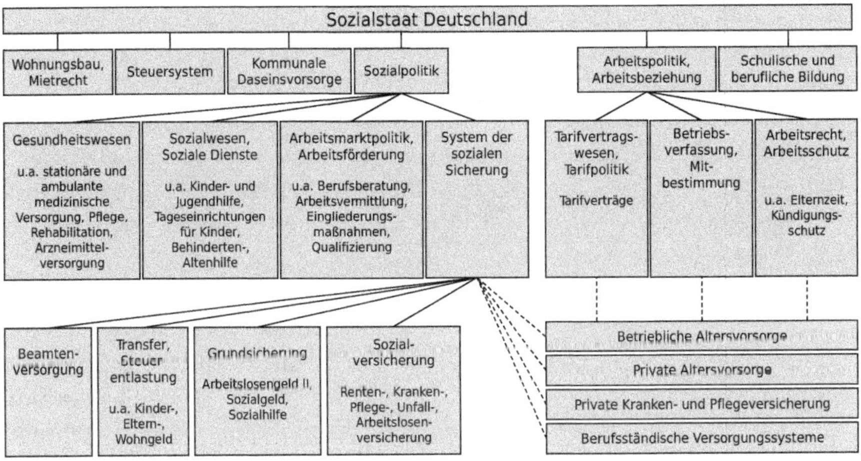

Abb. 12: Struktur sozialstaatlicher Leistungen und Politikfelder in Deutschland
Quelle: in Anlehnung an Sozialpolitik-aktuell.de 2021

Die Inanspruchnahme präventiver Leistungen der Sozialversicherung setzt eine reguläre Erwerbstätigkeit voraus, ihre Höhe bemisst sich nach dem Äquivalenzprinzip: je höher das Einkommen, desto höher die Leistung. Demgegenüber ist die intervenierende Sicherung des soziokulturellen Existenzminimums, die Grundsicherung, nicht beitragsfinanziert – es besteht ein grundsätzlicher Rechtsanspruch. Allerdings sind für die Gewährung von Arbeitslosengeld II (ALG-II, nach Sozialgesetzbuch SGB II, Hartz IV) und Sozialhilfe (SGB XII) einige Vorbedingungen zu erfüllen, die vorab geprüft werden. Hartz IV erhält, wer in einem bestimmten Ausmaß erwerbsfähig oder mit einem nicht bedarfsdeckenden Einkommen erwerbstätig ist. Erwerbseinkommen sowie familiäre Transferleistungen werden, abzüglich gestaffelter Freibeträge, auf die Hartz-IV-Regelsätze angerechnet (Dingeldey 2015). Zudem müssen zuerst vorhandene Rücklagen aufgebraucht worden sein, wobei auch in diesem Fall gestaffelte Freibeträge berücksichtigt und bereits erzielte gesetzliche und betriebliche Rentenversicherungsleistungen sowie angemessenes Wohneigentum nicht eingerechnet werden (BMAS 2020). Eine Folge der Hartz-IV-Einführung sind die seit 2006 deutlich rückläufigen Beiträge zur Arbeitslosenversicherung von 6,5 Prozent auf 2,4 Prozent (2021) des Bruttoarbeitsentgelts.

Mit Stand Ende 2019 bezogen knapp 6,9 Millionen Menschen Leistungen aus dem Bereich der sozialen Grundsicherung (entspricht 8,3 Prozent der Gesamtbevölkerung), davon 5,3 Millionen Menschen ALG-II und 1,1 Millionen Menschen Grundsicherung im Alter und bei Erwerbsminderung (Destatis 2020). Aktuell beträgt das durch ALG-II bestrittene Haushaltseinkommen für eine alleinstehende Person 790 Euro (Regelsatz und Kosten der Unterkunft), für eine alleinerziehende Person mit einem Kind (bis 4 Jahre) 1.380 Euro (BMAS 2020). Im ersten Fall liegt es damit deutlich unterhalb der Armutsgefährdungsschwelle von 1.074 Euro, im zweiten Fall entspricht es diesem Schwellenwert von 1.396 Euro.

Die österreichische Sozialhilfe unterscheidet sich von der deutschen insofern, als mit dem Grundsatzgesetz von 2019 die Bundesländer einen erweiterten Gestaltungsspielraum in der Festsetzung von Leistungsuntergrenzen oder von Leistungen für Paare und Kinder besitzen. Eine bundesweite Verpflichtung gibt es jedoch in der neu eingeführten Regelung, Leistungen nach Höchstgrenzen zu bemessen, so dass nicht mehr von einer Mindestsicherung gesprochen werden kann. Im Übrigen gilt auch in Österreich die Anrechnung eigener Vermögenswerte unter Berücksichtigung bestimmter Freibeträge. Zudem ist eine Deckelung der Geldleistungen in Mehrpersonenhaushalten vorgesehen. Derzeit liegt die Höchstgrenze für Alleinlebende und Alleinerziehende bei 949 Euro und damit ebenfalls deutlich unterhalb der Armutsgefährdungsschwelle von derzeit 1.286 Euro. Alleinerziehenden kann pro Kind ein Zuschlag zwischen 28 und 114 Euro gewährt werden; dies liegt im Ermessen der Bundesländer (BMDW 2021).

Wie sehr beeinflussen die jeweiligen Wohlfahrtssysteme Armutspolitik?

Die heutige Struktur und Funktion des deutschen Sozialstaats als wesentlich beitragsfinanziertes und ergänzend steuerfinanziertes Versicherungssystem geht auf die Arbeiterversicherung durch Reichskanzler Bismarck Ende des 19. Jahrhunderts zurück, der damit die Armenfürsorge um Bedürfnisse notleidender Arbeiter erweiterte. Als normativer Begriff ist er als *sozialer Bundesstaat* (Art. 20,1) und als *sozialer Rechtsstaat* (Art. 28,1) im Grundgesetz verankert. Damit nimmt er im internationalen Vergleich eine Sonderstellung insofern ein, als üblicherweise vom Wohlfahrtsstaat gesprochen wird.

Nach Esping-Andersen (1990) lassen sich drei Typen von Wohlfahrtsregimen unterscheiden (→ Tabelle 5): das angelsächsisch-liberale, das skandinavisch-sozialdemokratische und das in Deutschland und Österreich existierende konservativ-korporatistische Modell.

liberal	konservativ–korporatistisch	sozialdemokratisch
limitierte Sozialleistungen für Niedriglohngruppen	Erhaltung von Status- und Gruppenunterschieden	universale Leistungen
Ermunterung privater Wohlfahrt	Erhaltung traditioneller Familienstrukturen	Gleichheit höchsten Standards statt Gleichheit der Minimalbedürfnisse
strenge Anspruchsvoraussetzungen	untergeordnete Rolle von Betriebs- und Privatleistungen	identische Rechte für Arbeitgebende, Arbeitnehmende und Betriebe

Tab. 5: Typen des Wohlfahrtsstaats
Quelle: Oschmiansky und Berthold 2020

In dieser Differenzierung spiegelt sich ein unterschiedliches Verständnis im Verhältnis von Staat und Markt wider. Das liberale, steuerfinanzierte Modell stellt den freien Markt und die Rolle der Familie in den Mittelpunkt; viele Leistungen erfordern eine Bedürftigkeitsprüfung. Der Grad der Privatisierung sozialer Leistungen ist hoch, demgegenüber sind steuerliche Umverteilungsleistungen und aktive Arbeitsmarktpolitik gering. Das sozialdemokratische Modell, das ebenfalls über (hohe) Steuern finanziert wird, bringt die Dominanz des Staates über die Gleichheit sozialer Bürgerrechte zum Ausdruck. Dementsprechend hoch sind der Schutz vor Einkommensausfällen und die Steuerprogression. Das konservative Modell zeichnet sich durch eine wesentliche Beitragsfinanzierung der Sozialleistungen, ein nach Berufsgruppen differenziertes Sicherungssystem und einen hohen Anteil an Fürsorgeleistungen aus (Oschmiansky und Berthold 2020).

Das sozialstaatliche Selbstverständnis hat sich nach dem Zweiten Weltkrieg mehrfach gewandelt. Auf die Phase des Ausbaus sozialer Leistungen bis Anfang der 1970er-Jahre folgte – wesentlich bedingt durch Globalisierung und EU-Binnenmarktentwicklung sowie die deutsche Wiedervereinigung und die absehbaren Folgen des demographischen Wandels – ein schrittweiser Umbau, der sich seit Anfang des Jahrtausends mit Begriffen des aktivierenden oder investiven Sozialstaats den neoliberalen Markterfordernissen sukzessive unterordnete (Dingeldey 2015; Nullmeier 2013). Bedeutende Einschnitte in der Grundsicherung sind das Hartz-IV-Gesetz (2005) und die Rentenreform von 2001, die eine Ergänzung der umlagefinanzierten gesetzlichen Rentenversicherung durch eine private kapitalgedeckte Altersvorsorge vorsieht. Das Risiko wachsender Armut im Erwerbs- und Rentenalter ist durch diese Maßnahmen nicht gesunken.
Ein anderes Unterscheidungskriterium bezieht sich auf die Adressat:innen der Förderung. Bei einer Subjektförderung stehen die Personen bzw. Haushalte im Mittelpunkt der Förderung; Kindergeld, Wohnbeihilfe oder Bafög sind Beispiele hierfür. Demgegenüber werden bei der Objektförderung infrastrukturelle Einrichtungen wie Sozialwohnungen, Kindergärten oder öffentlicher Verkehr gefördert.

Welche Aufgaben kann und muss kommunale Armutspolitik übernehmen?

Auf die Phase der beginnenden Industrialisierung und Vermarktlichung der Arbeit folgte in der zweiten Hälfte der 19. Jahrhunderts eine kurze Periode, während der eine kommunale Armenfürsorge über das bisher geltende Heimatprinzip hinaus politische Relevanz erlangte. Innovativ waren eine ausgeprägte Dezentralisierung der Bedürftigkeitsprüfung bis auf Quartiersebene, der Einsatz ehrenamtlicher Armenpfleger mit lokalem Wissen und die Individualisierung der Unterstützung (Dietz 1997, 47). Die Stärkung kommunaler Armutspolitik hat sich aufgrund mangelnder finanzieller Spielräume und bürokratischer Effizienz sowie aus Mangel an ehrenamtlichen Helfer:innen nicht durchsetzen können. Die Folge war eine neuerliche Stärkung zentraler Armenverwaltung unter Rückgriff auf neue und bewährte

Methoden, die bis heute existieren: „Bedürftigkeitsnachweispflicht, Arbeitsbereitschaft, Tarife, Dienstanweisungen, statistische Durchschnittssätze, einheitliche Existenzminima und Lohnabstandsgebot als Merkmal heutiger Sozialamtspraxis haben ihren Ursprung in dieser Zeit“ (ebd., 50).

Heutige kommunale Armutspolitik ist im föderalen Staat zwar arbeitsteilig organisiert, die Möglichkeiten eigenständiger sozialpolitischer Interventionen sind jedoch durch weitreichende rechtliche Vorgaben des Bundes (und der Länder) und den erwähnten Instrumenten begrenzt. „Die Rahmenbedingungen sind durch Bundesgesetze formuliert [...]. Hier gibt es Festlegungen zu den Aspekten: Leistungsberechtigte, vorrangige Leistungsverpflichtungen, Regelsätze, d. h. Leistungshöhen und Leistungsarten; [...]. Die Aufgaben sind ebenfalls im Gesetz bereits benannt und umfassen [...] die Befähigung zu einem unabhängigen Leben von sozialstaatlichen Leistungen [...] und Unterstützung der Aufnahme bzw. Beibehaltung einer Erwerbstätigkeit [...]“ (Brülle und Krätschmer-Hahn 2018, 312). Größere Handlungs- und Gestaltungsspielräume sind in den Bereichen der kommunalen Wohn- und sozialen Infrastrukturpolitik sowie bei den pädagogischen Interventionsformen gegeben – hierzu gehören u. a. Quartiersentwicklung, gemeinnütziger Wohnbau, Kindertages- und Seniorenbetreuung oder Sprachkurse für Menschen mit Migrationsgeschichte. Die Kommune tritt dabei unter anderem als (Mit-)Organisatorin der institutionellen und zivilgesellschaftlichen Vernetzung zu Fragen der sozialräumlichen Sozialen Arbeit auf (Burmester 2018, 732 ff.).

Eine wesentliche Funktion der Kommunen liegt somit in der Verwaltung und operativen Umsetzung einer *top-down* gesteuerten Sozialpolitik, bei der sie einem zweifachen Homogenisierungserfordernis unterworfen sind. Zum einen sind bundeseinheitliche Regelsätze, die hochaggregierten Durchschnittswerten entspringen, anzuwenden (das Wohngeld ist insofern eine Ausnahme, als es hier eine siebenstufige Differenzierung auf Gemeindeebene gibt; allerdings scheinen dafür auch nationale Durchschnittswerte zugrunde gelegt zu werden, da z. B. die Stadt München und einige ihrer Umlandgemeinden die höchste Stufe VII, Hamburg und Stuttgart jedoch ‚nur‘ Stufe VI erreichen). Zum anderen müssen diese Leistungen in Höhe und Art innerhalb des Gemeindegebiets gleichermaßen angesetzt werden.

Kommunen treten zudem selbst als Top-down-Akteur:innen in der Gestaltung lokaler Armutspolitik auf. Sie legen Förderangebote fest oder weisen Wohnungen zu, ohne verpflichtend auf die unterschiedlichen Bedürfnislagen der betroffenen Personen eingehen zu müssen. Neben dieser

„Zugangssteuerung" wird auch ein „kontinuierliches Berichtswesen der tatsächlichen Inanspruchnahme" (Brülle und Krätschmer-Hahn 2018, 312) als Kontrollinstanz eingefordert.

Schließlich ist kommunale Armutspolitik trotz lokaler Verankerung selektiv ausgerichtet, da die übrige Gemeindebevölkerung in der Regel nicht miteingebunden wird. Programme der sozialen und kulturellen Teilhabe oder Maßnahmen zur Befähigung als zentrale gesellschafts- und gemeinschaftspolitische Integrationsaufgaben sind als Aushandlungsprozess zwischen kommunalem Anbieter und bedürftigen Nachfragern konzipiert. Das Integrations- und Inklusionserfordernis wird einseitig bei den in unterschiedlicher Weise betroffenen Menschen gesehen, als dessen legitime Vermittlerin sich die Kommunalverwaltung mit ihren Fachabteilungen versteht. Sozialpolitische Programme und Maßnahmen müssten als politischer Auftrag aber alle Gemeindemitglieder ansprechen, um wechselseitige Erwartungshaltungen unvermittelt erfahren zu können. Kommunale Armutspolitik als lokale Armutspolitik wäre insofern auf andere Art und Weise zu implementieren.

Welche Potenziale stecken in einer lokalen Armutspolitik?

Die Krisensymptome des neoliberalen Wirtschaftsmodells, dessen Handlungsmaxime in nahezu alle Lebensbereiche diffundierten, sind bekannt: „So scheint sich die zentrale Dimension der sozialen Frage von der Ausbeutung zur Ausgrenzung zu verlagern [...]. [...] Arbeitsverhältnisse polarisieren sich durch Deregulierung oder staatlich verordnete Zwangsarbeit. [...] Vor zwanzig Jahren noch kaum denkbar, können nun Menschen [...] sozial degradiert und aus dem gesellschaftlichen Leben ausgegrenzt werden" (Ronneberger et al. 1999, 216). Die Therapievorschläge variieren beträchtlich, sie reichen schlaglichtartig von einer forcierten Fortsetzung des (globalen) Neoliberalismus und der Transnationalisierung über verschiedene Formen postdemokratischer Ansätze bis hin zu neosozialistischen Überlegungen (Dörre und Schickert 2019; Beck und Poferl 2010; Crouch 2008).

Als Reaktion auf die Krise des Fordismus mit seinen Begleiterscheinungen der Zentralisierung und Bürokratisierung etablierten sich seit den 1970er-Jahren lokaldemokratische und Bürgerinitiativbewegungen (Mayer-Tasch 1977), die alternative Formen der sozialen und politischen Beteiligung einforderten. Diese Idee setzt sich mit den gegenwärtigen, in unterschiedlichen Formen und zu unterschiedlichen Themen existierenden *sozialen Bewegungen* fort. Charakteristisch ist neben ihrer thematischen Fokussierung die Organisationsform des Netzwerks, die eine relationale Verknüpfung der lokalen mit den regionalen oder globalen Aktivitäten ermöglicht (wie z. B. ‚Fridays4Future' oder ‚Recht auf Stadt'). Einige der lokalen sozialen Bewegungen haben ihren Ursprung in der Förderung demokratischer Beteiligung der Zivilgesellschaft oder der sozialen Gemeinwesenarbeit (Bürgergesellschaft 2021) und setzen sich dabei auch und insbesondere für marginalisierte und armutsbetroffene Menschen ein.

Die lokale politische Befassung mit Ursachen und Folgen von Armut sowie ihrer vorbeugenden Verhinderung hat gegenüber anderen politischen Ebenen den Vorzug, ein Bewusstsein der Zuständigkeit zu schaffen und konkret umzusetzen (Sedmak 2012). Ermächtigung und Mitwirkung aller stehen in einer starken Beziehung zueinander. Lokaldemokratische soziale Bewegungen lassen sich auf verschiedene Weise organisieren, sicherzustellen ist die aus dem Nachhaltigkeitsdiskurs geprägte Formel des „leave no one behind". Hoffmann-Axthelm (2016, 64) beispielsweise schlägt als formale Verfahrensregeln vor: „kurze Amtszeiten, imperatives Mandat, Auswahl über das Losverfahren (keine Parteien, keine Wahlkämpfe)". Aktives und passives Wahlrecht für alle und die Festlegung auf Aushandlungspraktiken wären zu ergänzen, um Teilhabe über alle sozialen Schicht- und Milieugrenzen hinweg zu gewährleisten. Die Einbettung lokaldemokratischer Partizipation in ein materiell-relationales Raumkonzept reduziert zudem das Risiko ihrer staatlichen Funktionalisierung, wie dies für Gemeinden der Fall ist. „Das Privileg kommunaler Selbstverwaltung ist selbst in Deutschland nicht mehr auf die einzelnen Bürger, sondern nur und ausschließlich auf Körperschaften bezogen [...] Kommunalverwaltung ist heute nicht viel mehr als die unterste staatliche Ebene. Damit sind die Kommunen strukturell verstaatlicht" (Hoffmann-Axthelm 2016, 78 f.).

Um Teilhabe und aktive Mitgestaltung allgemein sowie zur Bearbeitung armuts- und ungleichheitspolitischer Herausforderungen zu gewährleisten, sind die von Rosanvallon (2013) genannten Kriterien der Beziehungsgleichheit – Singularität, Reziprozität und Kommunalität – als konstitutiver Bestandteil sozialer Bewegungen mitzudenken, wie auch die von Rosa (2015) angesprochenen verelendungsfördernden Mechanismen zu durchbrechen. Parallel dazu sind neue Formen planungspolitischer Subsidiarität zwischen lokalen, regionalen und überregionalen Ebenen zu entwickeln.

Braucht es in der Armutspolitik eine Entflechtung von Erwerbsarbeit und sozialer Teilhabe?

Da die Krisenanfälligkeit kapitalistischer Marktprinzipien systemimmanent ist und sich in seiner neoliberalen Variante seit den 1980er-Jahren kontinuierlich verschärft hat, gibt es entsprechend lange schon Überlegungen ihrer Bewältigung. Aus der Perspektive armutverhindernder und -überwindender sozialer Sicherung, die Existenzsicherung (Sozialhilfe) und Statussicherung (bei Arbeitslosigkeit, Krankheit und im Alter) inkludiert, wird immer wieder die Idee diskutiert, den Sicherungsanspruch von der Integration in den regulären Arbeitsmarkt zu entkoppeln.

Vobruba (2019, ursprünglich 1986) hat die „Entflechtung von Arbeit und Essen", also von Lohnarbeit und gesellschaftlicher Teilhabe, vor dem Hintergrund der Finanzkrise Mitte der 1970er-Jahre und der damit zusammenhängenden Funktionskrise des Sozialstaats als sozialpolitische Option für ein garantiertes Grundeinkommen vertreten und an theoretische Anforderungen geknüpft.

Zunächst erinnert er an den historischen Prozess der Verknüpfung von Lohnarbeit und sozialer Sicherung im Kapitalismus. Mit der Industrialisierung setzt sich die „unbedingte Verknüpfung von Arbeiten und Essen" durch. Sie „[...] ist das Ergebnis politischen Eingriffs. Durch den Staat (polizeistaatlichen Umgang mit Bettlern und durch Arbeitshäuser) wurden die Existenzmöglichkeiten außerhalb des Arbeitsmarktes abgeschnitten. Erst auf dieser Grundlage kann der Arbeitsmarkt zum zentralen gesellschaftlichen Steuerungsmedium werden. Hunger wird damit zum arbeitspolitischen Regulativ" (Vobruba 2019, 340). Durch die sukzessive Einführung von Sozialversicherungen verändert sich die Form zu einer *bedingten Verknüpfung* – (Über-)Lebenschancen außerhalb des regulären Arbeitsmarktes werden gewährt, allerdings unter dem Vorbehalt, einmal Mitglied des Arbeitsmarktes gewesen zu sein bzw. wieder Mitglied werden zu müssen.

Mit diesem Schritt der Existenzsicherung, der bis heute existiert, sind Armutsprävention und Armutsbekämpfung nicht nachhaltig gelöst worden. Auch bleibt die Funktionalisierung der armutsbetroffenen Menschen bestehen. Die starke Abhängigkeit von einer hohen Beschäftigungsquote, die entsprechende Beitragszahlungen bei geringer Inanspruchnahme von Versicherungsleistungen garantieren soll, verkehrt sich im Falle hoher und anhaltender Arbeitslosigkeit und zunehmender Alterung der Gesellschaft zu einem sich selbst verstärkenden Problem. Eine abnehmende Beitragsfinanzierung benötigt steuerliche Kompensationen zur Aufrechterhaltung von Leistungen jener Personen, die im Arbeitsmarkt integriert waren. Jene, die eine Integration nicht (mehr) schaffen, müssten mit einer niedrigen und unwürdigen Mindestsicherung auskommen.

Eine weitergehende Entflechtung (Bürgerversicherung) oder gar vollständige Entkopplung von Lohnarbeit und gesellschaftlicher Teilhabe (bedingungsloses Grundeinkommen) stehen zur Diskussion. Als übergreifende Gütekriterien nennt Vobruba (2019, 348 ff.) den „Arbeitsmarkt-Entlastungseffekt" (Rückgang von Arbeitslosigkeit), die „Vermeidung der Armutsfalle" (existenzsichernde Höhe und Zuverdienst, der nicht sofort gegengerechnet wird), „Minimierung des Kontrollaufwands" (Administration der Mittelverwendung) und vor allem flankierende „arbeitszeitpolitische Maßnahmen" (von Wochen- bis Lebensarbeitszeit). Letztlich läuft dies auf die Argumentation hinaus: „Teilhabe statt Eigentum als juristisches Leitmotiv und Zwecksetzung (Finalisierung) statt Kausalität als sozialpolitische Orientierung" (ebd., 347). Die Folge wäre, den Anspruch an Sozialleistungen an Gründe und nicht an zuvor erbrachte Versicherungsleistungen zu knüpfen.

Was könnte das bedingungslose Grundeinkommen zur Lösung von Verarmungsrisiken beitragen?

Die Grundideen des bedingungslosen Grundeinkommens (BGE) als eines weitreichenden Ansatzes zur Entkopplung von Erwerbsarbeit und sozialer Sicherung gehen bis in das 18. Jahrhundert zurück (Kovce und Priddat 2019), heutige Debatten haben ihren wesentlichen Ursprung in den 1980er-Jahren (Reitter 2012, 13). Im BGE wird zum einen das begründete Potential gesehen, Armut monetär zu beseitigen. „Ob ein solches Grundeinkommen jedoch auch ein effizientes Mittel zur Armutsbekämpfung darstellt, ist äußerst umstritten" (Kovce und Priddat 2019, 13). Auch zur Bekämpfung von Arbeitslosigkeit bzw. der damit einhergehenden Bürokratie, Kontrolle und Sanktionierung bietet das BGE innovative Vorschläge. Neben diesen sozialpolitischen Erwägungen im engeren Sinn sprechen für das BGE grundlegende emanzipatorische Erwartungen an Solidarität, Autonomie und Reziprozität einer Gesellschaft. „Ein Grundeinkommen ist ein allen Menschen von der Wiege bis zur Bahre zustehender individueller Rechtsanspruch auf eine die Existenz sichernde und gesellschaftliche Teilhabe ermöglichende Geldleistung, die keinen Zwang zur Arbeit oder Gegenleistung oder eine Bedürftigkeitsprüfung [...] kennt" (Blaschke 2019, 15).

Das BGE repräsentiert somit einen Ansatz, der eine steuerfinanzierte und alle Personen einschließende Umverteilung volkswirtschaftlicher Wohlfahrtsleistungen fordert und in letzter Konsequenz eine Überwindung des beitragsfinanzierten Sozialversicherungssystems anstrebt (wenngleich nicht alle Konzepte dies beabsichtigen). Eine das bestehende kapitalistische Wirtschaftssystem bewahrende, dabei sämtliche Sozialversicherungen abschaffende Variante wird von Straubhaar (2017, 97 ff.) vorgeschlagen. Finanziert wird das BGE über eine 50-Prozent-Einkommensteuer auf alle Einkommen mit Ausnahme des Grundeinkommens. Würde das BGE beispielsweise 12.000 Euro im Jahr betragen und ein Erwerbseinkommen von weiteren 12.000 Euro pro Jahr hinzugerechnet, ergäbe sich ein Nettoeinkommen von 18.000 Euro. Ein deutlich über die Armutsgefährdungsschwelle hinausgehendes BGE von 18.000 Euro (1.500 Euro BGE im Monat bei einem Schwellenwert von aktuell knapp 1.100 Euro) und dem zusätzlichen Erwerbseinkommen von 12.000 Euro, brächte ein Gesamteinkommen von 24.000 Euro. Davon müssten alle Ausgaben inklusive Sozialversicherungen bestritten werden. Das Zusatzeinkommen von 12.000 Euro würde zudem steuerlich lediglich zu einem Drittel des erhaltenen BGE beitragen.

Alternative Vorschläge gehen von einer Finanzierung des BGE über die Mehrwertsteuer aus. Beide Varianten werden von wohlfahrtstaatlich argumentierenden Vertreter:innen jedoch abgelehnt, weil sie einer Umverteilung von niedrigen zu hohen Einkommen gleichkommen. Daneben existieren Ansätze einer Integration von BGE und beitragsfinanzierter sozialer Sicherung. Hierzu gehören „Bürger*innenversicherung (Gesundheits-, Pflege- und Altersversorgung)" und „[...] öffentliche, gebührenfreie Infrastruktur/Dienstleistungen, inklusive spezifischer Förderstrukturen" (Blaschke 2019, 17).

Welche Möglichkeiten würde eine allgemeine und solidarische Bürgerversicherung bieten?

Einen im Vergleich zum bedingungslosen Grundeinkommen anderen Weg der bedingten Entflechtung von Erwerbsarbeit und gesellschaftlicher Teilhabe geht die allgemeine, einheitliche und solidarische Bürgerversicherung mit bedarfsorientierter Grundsicherung (BV). Die BV zielt mit Hilfe einer Reform der bestehenden sozial- und armutspolitischen Leistungen auf Verteilungsgerechtigkeit von Arbeit, Einkommen und Lebenschancen (Butterwegge 2020, 2011). *Allgemein* ist die BV, da alle Versicherungskomponenten (Altersvorsorge, Krankheit, Pflege) für alle nach denselben Prinzipien organisiert sind. *Einheitlich* bedeutet, ausschließlich gesetzliche Versicherungsleistungen zuzulassen (Zusatzversicherungen können von privaten Dienstleistern angeboten werden). Alle Einkünfte ohne Beitragsbemessungsgrenzen in die Finanzierung der BV zu inkludieren, ist die *solidarische* Komponente der BV.

Die BV entspricht der erwähnten sozialpolitischen Forderung „Teilhabe statt Eigentum und Zwecksetzung statt Kausalität", da sie auf eine größtmögliche kollektive Verteilung der Lebensrisiken und Alterssicherungsleistungen durch Beitragsfinanzierung abzielt. „Ihre wichtigste Rechtfertigung erfährt die Bürgerversicherung dadurch, dass sie den längst überfälligen Übergang zu einem die gesamte Wohnbevölkerung einbeziehenden, Solidarität im umfassendsten Sinn garantierenden Sicherungssystem verwirklicht" (Butterwegge 2020, 399). Dies setzt jedoch eine demokratisch legitimierte Definition der „Wohnbevölkerung" voraus, die dann nicht zwangsläufig tatsächlich alle Mitbürger:innen einbeziehen muss.

Die den Versicherungsteil ergänzende soziale Grundsicherung stellt „[...] das persönliche Existenzminimum ohne entwürdigende Antragstellung und bürokratische Bedürftigkeitsprüfung [...]" (Butterwegge 2011, 287) sicher. Unter dem Gesichtspunkt der Verteilungsgerechtigkeit ist die Festsetzung des Grundsicherungsbetrags von zahlreichen Einflussgrößen wie den persönlichen Einkommens-, biographischen und Haushaltsverhältnissen, der eventuellen Inanspruchnahme von Versicherungsleistungen sowie der kleinräumigen Infrastrukturausstattung und regionalen Kaufkraft abhängig. Die Berechnung wird damit zu einer komplexen Angelegenheit.

Werden Grundeinkommen und Bürgerversicherung ihren Ansprüchen gerecht?

Auf den ersten Blick scheint ein BGE aufgrund seiner Bedingungslosigkeit der Funktionalisierung und auch der Überwindung von Armut wirkungsvoll entgegenzutreten. Abgesehen von der Schwierigkeit, eine tatsächlich uneingeschränkte Anspruchsberechtigung und eine über die reine Existenzsicherung hinausgehende Einkommenshöhe zu gewährleisten, bleibt die Herausforderung, das neoliberale Verhältnis von Produktions- und Reproduktionsarbeit zu transformieren. Auch ein BGE stützt die auf der kapitalistischen Werttheorie beruhende Anerkennungslogik, ja weitet sie potenziell nun auf die Sorge-, Haus-, Pflege- und Erziehungsarbeit aus: „Eine tatsächliche gesellschaftliche Anerkennung dieser notwendigen, aber unbezahlten Tätigkeiten kann *nur* durch das Grundeinkommen erfolgen – dazu existiert *keine Alternative*" (Reitter 2012, 10; Hervorhebung A. K.). Auch ist der unterstellte emanzipatorische Anspruch des BGE weder zwingend noch automatisch implementiert, als dass von einer höheren Beteiligung der Männer an Care-Arbeit ausgegangen werden könnte. Die Bürgerversicherung leistet eine solche lohnarbeitszentrierte Transformation ebenfalls nicht aus sich heraus, allerdings formuliert sie dies auch nicht als ein ihr innewohnendes Ziel. Fragen der Anerkennung von Tätigkeiten bleiben einer breiten gesellschaftlichen Debatte vorbehalten, die sich für alternative institutionelle Spielräume einsetzt, denn: „Wir haben es offenbar weitgehend *institutionell* »verlernt«, uns anders als durch Erwerbsarbeit nützlich zu machen und Anerkennung zu finden" (Offe 2019, 467).

Werden das BGE und die BV mit einer Arbeitszeitpolitik verknüpft, die Teilzeitbeschäftigungen nicht dem Risiko prekärer Absicherung in Krisenzeiten oder der Altersvorsorge aussetzt, kann es eine Voraussetzung zur Stärkung von Freiheit und Selbstbestimmung bislang armutsbetroffener Menschen sein. Es erhöhen sich dann, dem Lebenslagenansatz folgend, Verfügungsspielräume des Lernens, der Muße oder des Ehrenamts. Allerdings darf auch der Zusammenhang von Grundeinkommen bzw. Grundsicherung und Selbstbestimmung nicht überbewertet werden, da dies die nichtmonetären Kapitalsorten unterbewerten würde. Sozialkapital baut auf Teilhabe in Netzwerken auf und beruht auf Ressourcen des Vertrauens, der Reziprozität und dem lokalen Wissen, die allein durch Einkommenssicherung nicht automatisch mitverdient werden. Anders gesagt: Die Diskriminierung und

Stigmatisierung verarmter Menschen wird durch ökonomisches Kapital allein nicht aufgehoben.

Dem BGE liegt auch kein solidarisches Potential per se zugrunde. Zum einen bliebe offen, ob ein allen gezahltes Grundeinkommen allgemein als sozial gerecht empfunden wird. Es hinge zudem von der Ausgestaltung der steuerlichen Progression und der Umverteilung zugunsten der Schlechtergestellten ab. Vor allem aber garantiert die Zahlung eines – auch existenzsichernden – Einkommens nicht eine klassenübergreifende Öffnung von durch Empathie geprägten Teilhabechancen. Das BGE kann nicht ausschließen, dass eine die bestehenden Marktverhältnisse festigende Entwicklung fortgeschrieben wird – eine Entwicklung, die mit „Erhebung des Konsumenten zum Maßstab des Gemeinwohls“ und „Konkurrenz als sozialer Form“ umschrieben werden kann (Rosanvallon 2013, 279). In einer Zeit wachsender Delegitimierung des Wohlfahrtsstaats kann jedoch auch die BV nicht sicher sein, eine breite Zustimmung zu ihrem artikulierten Solidaritätsverständnis zu erhalten.

Wofür stehen die Nachhaltigen Entwicklungsziele?

Mit der Agenda 2030 für nachhaltige Entwicklung setzen die Vereinten Nationen (UN) ihre politischen Bemühungen fort, die globalen gesellschaftlichen Herausforderungen der Gegenwart anzugehen. Aufbauend auf den Agenda-21-Zielen von Rio de Janeiro (1992) und den Milleniumszielen von New York (2000) sowie weiteren Deklarationen (Johannesburg 2002, Rio +20 2012) wurden 2015 von allen 193 Mitgliedsstaaten 17 Nachhaltigkeitsziele (*Sustainable Development Goals*, SDGs) (⟶ Abbildung 13) mit 169 Unterzielen verabschiedet. Im selben Jahr wurde auch das Pariser Klimaabkommen unterzeichnet (UN 2020a).

Abb. 13: Die 17 Nachhaltigen Entwicklungsziele
Quelle: UNRIC 2021 (https://www.un.org/sustainabledevelopment)

Die SDGs verpflichten – im Unterschied zu den Milleniumszielen – alle Staaten zur Erfüllung der Ziele auf nationaler Ebene bis 2030. Sie stehen für den Versuch, ökologische, soziale und ökonomische Nachhaltigkeit gleichermaßen umzusetzen, was nicht ohne Widersprüche geblieben ist. So sind beispielsweise Klimaschutzmaßnahmen und nachhaltige Produktions- und Konsummuster mit dem Ziel anhaltenden Wirtschaftswachstums, gemessen am Bruttoinlandsprodukt, zu verknüpfen. Die Kriterien zur Bewertung der Zielerreichung beruhen auf global 230 Indikatoren, von denen die Länder abweichen und diese um eigene Indikatoren ergänzen dürfen. Hieran zeigt sich die hohe Komplexität, Zusammenhänge und (Wechsel-)Wirkungen zwischen 169 Unterzielen ermitteln, gewichten und beurteilen zu wollen.

Ein umfangreiches Monitoring – mit Vergleichsmöglichkeiten zwischen allen Ländern, OECD- und EU-Mitgliedsländern – und freiwilliges Reporting liefern die Grundlagen für eine kontinuierliche Überprüfung des erreichten Umsetzungsstandes. Eine periodisch aktualisierte Web-Plattform stellt entsprechende Berichte und Daten zur Verfügung (UN 2020b). Auch wenn die Mehrzahl der Indikatoren mit quantitativen Daten unterlegt werden können, bleibt aufgrund häufig allgemein gehaltener Formulierungen der Unterziele ein nicht unerheblicher Interpretationsspielraum bestehen.

So soll u. a. die Nahrungsmittelproduktion Produktivität und Ertrag steigern, zur Erhaltung der Ökosysteme beitragen, die Anpassungsfähigkeit an Klimaänderungen erhöhen und die Bodenqualität verbessern.

Im aktuellen *Europe Sustainable Development Report 2020* (SDSN und IEEP 2020) liegt Deutschland mit einer Zielerreichungsrate von 74,6 Prozent auf Rang 6. Das führende Finnland kommt auf 81,1 Prozent. Während die armutsrelevanten Unterziele bereits erfüllt sind, gibt es bei der Einkommensungleichheit und der Altersarmut noch Aufholbedarf.

Im globalen Zielerreichungs-Ranking von 2021 mit einem anderen Indikatorenset steht Deutschland mit 82,5 Punkten auf Rang 4, Finnland bleibt mit 85,9 Punkten auf Platz 1, gefolgt von Schweden mit 85,6 Punkten. Österreich belegt mit 82,1 Punkten den sechsten Platz. Mit gut 60 Prozent für SDG 1 (*End Poverty*) und knapp 70 Prozent für SDG 10 (*Reduced Inequalities*) liegt die Datenverfügbarkeit der beiden SDGs im Mittelfeld und hat sich gegenüber dem Vorjahresreport verbessert (Sachs et al. 2021, 59). → Abbildung 14 zeigt den aktuell erreichten Stand der Zielerreichung aller SDGs für Deutschland.

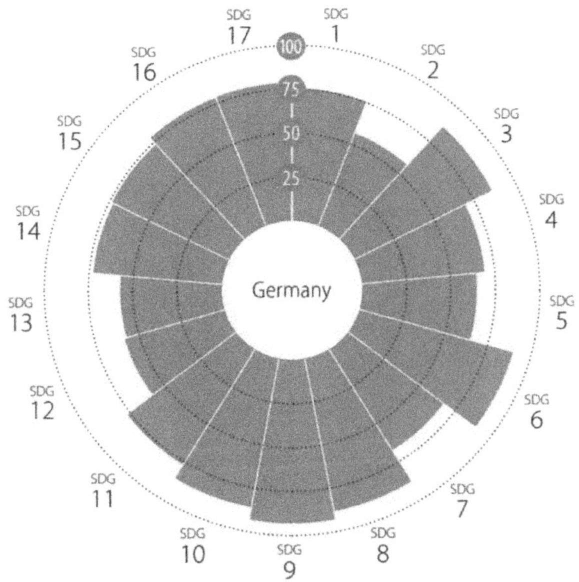

Abb. 14: SDG-Zielerreichungsgrade in Deutschland 2020
Quelle: Sachs et al. 2021, 224

In Österreich gibt es mit *Universitäten und Nachhaltige Entwicklungsziele* (UniNEtZ) einen Kooperationsverbund von Wissenschaft und Kunst, der auf der Grundlage eines Optionenberichts die österreichische Bundesregierung in der Umsetzung der SDGs unterstützt. UniNEtZ organisiert zudem zahlreiche Initiativen, um die Nachhaltigen Entwicklungsziele in der universitären Lehre und der breiten Öffentlichkeit zu verankern (UniNEtZ 2021).

Wofür tritt das SDG 1 ‚keine Armut' ein?

Das Nachhaltigkeitsziel 1 fordert, bis 2030 „Armut in allen ihren Formen und überall" zu beenden. Fünf nationale und zwei internationale Unterziele konkretisieren dieses übergeordnete Ziel für in Armut lebende oder von Armut gefährdete Personen (SDG Watch Austria 2020):

- Extreme Armut überall auf der Welt beseitigen (gemessen an der Kaufkraft von 1,25 US-Dollar pro Tag)
- Relative Armut nach der jeweiligen nationalen Definition mindestens halbieren
- Sozialschutzsysteme inklusive Basisschutz umsetzen
- Zugang zu grundlegenden Diensten, Grundeigentum sowie Grund und Boden gewährleisten
- Widerstandsfähigkeit gegenüber klimabedingten Extremereignissen und anderen wirtschaftlichen, sozialen und ökologischen Katastrophen erhöhen
- Internationale Entwicklungszusammenarbeit verbessern
- Politische Rahmenbedingungen schaffen, um Investitionen in Maßnahmen zur Beseitigung der Armut zu unterstützen

Für die quantitative Beurteilung der Unterziele werden Indikatoren wie die internationale absolute Armutsquote (unterschieden nach Geschlecht, Alter, Erwerbsstatus und Region), die nationale relative Armutsgefährdungsquote (nach Alter und Geschlecht), der Grad sozialer Ausgrenzung und erheblicher materieller Deprivation, der Anteil arbeitsloser Leistungsbezieher:innen und der Anteil der Bevölkerung mit Krankenversicherungsschutz herangezogen. Zu den übrigen Unterzielen liegen für das deutsche Monitoring derzeit keine konkreten Indikatoren vor.

Konkrete Umsetzungsmaßnahmen zu den SDGs in Deutschland benennt die *Deutsche Nachhaltigkeitsstrategie 2018* (Presse- und Informationsamt der Bundesregierung 2018). Das für SDG 1 maßgeblich zuständige Arbeits- und Sozialministerium setzt Schwerpunkte der Armutsbekämpfung in der Beschäftigungs- und Lohnpolitik. Hierzu gehören die Einführung und Anpassung des gesetzlichen Mindestlohns, der Rechtsanspruch auf zeitlich begrenzte Teilzeit und der mit dem Teilhabechancengesetz geschaffene Soziale Arbeitsmarkt, insbesondere für langzeitarbeitslose Menschen. Weitere Maßnahmen zielen auf eine armutsfeste Alterssicherung und eine Weiterbildungsstrategie im Kontext der Digitalisierung der Arbeitswelt. Je nach Ressortzuständigkeit finden sich weitere Maßnahmen, die eine partielle oder kaum eine Bezugnahme auf die Unterziele von SDG 1 erkennen lassen. So werden zum Beispiel Investitionsmittel für soziale Wohnraumförderung bereitgestellt; in der Gesundheits- und Energiepolitik finden sich dagegen keine Aussagen, die sich dezidiert armutspolitisch interpretieren lassen.

Österreich setzt mit seinem Programm zur Realisierung der Agenda 2030 in der Armutsprävention und Armutsbekämpfung zum einen auf einen Ausbau sozialer Infrastrukturen für Pflege und Kinderbetreuung, um damit neben direkten Effekten auch die Erwerbsbeteiligung von Frauen zu fördern (ein unter gleichstellungspolitischen Gesichtspunkten ambivalentes Ziel). Zum anderen nehmen indirekte beschäftigungspolitische Maßnahmen für junge Menschen (Qualifizierung von Arbeitslosen ohne Ausbildung) und für ältere Arbeitnehmer:innen (Verlängerung des Erwerbsarbeitslebens) einen gewissen Stellenwert ein (Bundeskanzleramt 2017).

Gemessen an den Indikatoren zu SDG 1 – Armutsgefährdungsquote, erhebliche materielle Deprivation und Anteil von Personen mit weniger als 5,50 Euro pro Tag – weist der *Sustainable Development Report 2020* der EU Österreich als Land aus, das die SDG-1-Ziele bereits erreicht hat. Für Deutschland werden aufgrund seiner vergleichsweise hohen Armutsgefährdungsquote noch weitere Anstrengungen zur Zielerreichung gefordert – allerdings weist der Trend in eine positive Richtung.

Vor welchen Herausforderungen steht eine nachhaltige sozial-ökologische Transformation?

Die Nachhaltigen Entwicklungsziele der Weltgemeinschaft entsprechen jeweils für sich betrachtet durchaus einer stringenten Logik, *was* angesichts der offensichtlichen Faktenlage bis 2030 erreicht werden soll. Analysen der zahlreichen Wechselwirkungen zwischen den SDGs wie jene von den UN (2019) (→ Abbildung 15) und Pham-Truffert et al. (2019) (→ Abbildung 16) zeigen dabei deutlich die Komplexitäten und Widersprüchlichkeiten auf, die mit den beabsichtigten Zielformulierungen und ihren nicht intendierten Nebenfolgen einhergehen (können). *Wie*, also mit welchen Maßnahmen, die Ziele erreicht werden sollen, unterliegt einem großen politischen und gesellschaftlichen Interpretationsspielraum.

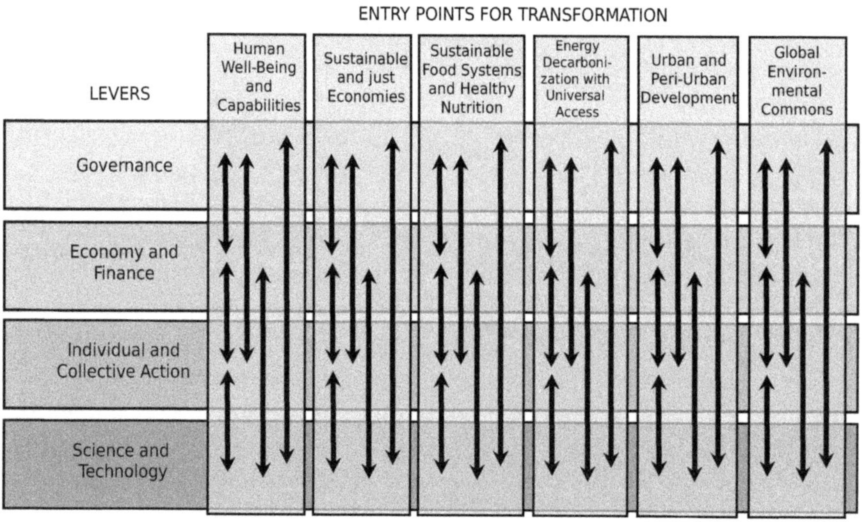

Abb. 15: Eingangspforten (*Entry Points*) und Hebel (*Levers*) einer gesellschaftlichen Transformation durch die SDGs
Quelle: in Anlehnung an United Nations 2019

Dem großen Gestaltungsspielraum der Umsetzungsmöglichkeiten steht gleichzeitig eine konservative Verteidigung wirtschaftlicher und sozialer Strukturen gegenüber. Der mit den SDGs proklamierte Anspruch „Transforming Our World" – im Sinne einer sozial-ökologisch ausgerichteten Veränderung bestehender Verhältnisse – weicht zentralen Fragen gesellschaftlicher Transformation aus, wie Ulrich Brand und Markus Wissen (2017, 33) kritisieren: „[…] nämlich jene nach Gerechtigkeit, einem guten Leben für alle und der Zurückdrängung von Macht und Herrschaft – und damit verbunden: der Veränderung von Eigentumsverhältnissen […]".

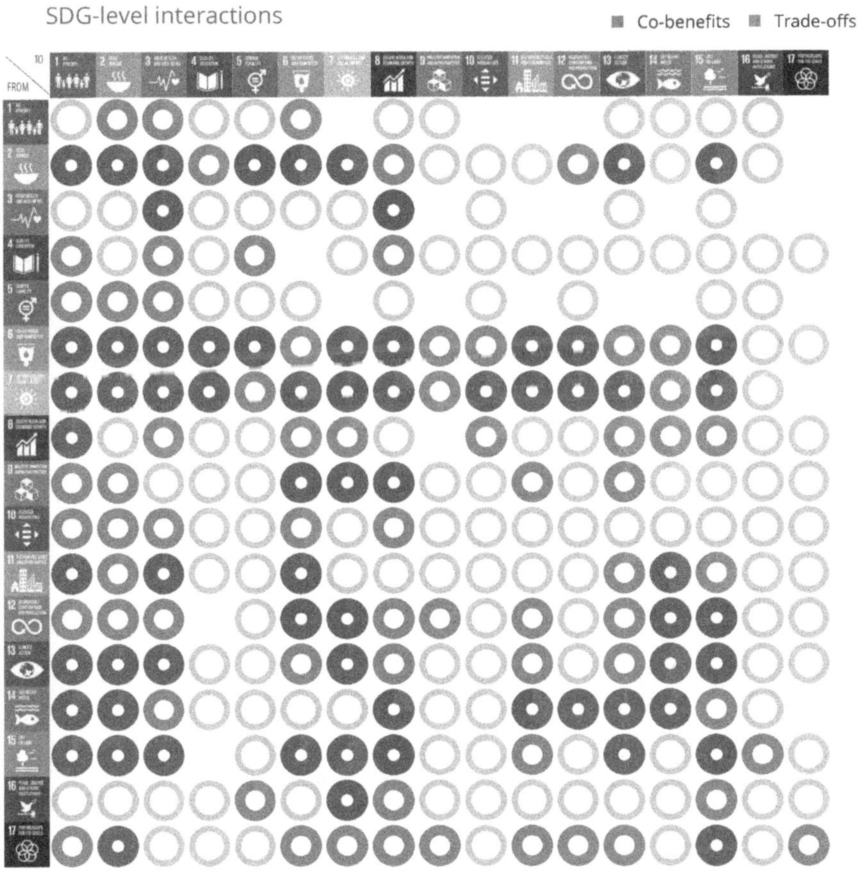

Abb. 16: Direkte (*Trade-offs*) und indirekte (*Co-benefits*) Wechselwirkungen zwischen den SDGs
Quelle: Pham-Truffert et al. 2019

Der Mangel emanzipatorischer Perspektiven im Transformationsprozess ist nicht zuletzt dem vermeintlichen Erfolg der „imperialen Lebensweise" des globalen Nordens gegenüber dem globalen Süden geschuldet – einer Lebensweise, die in der Externalisierung ökologischer, ökonomischer und sozialer Kosten und der Privatisierung ebensolcher Profite ein legitimes Verfahren der Wohlstandsverteilung sieht (Lessenich 2018) und deren Logik sich vom globalen bis hinunter zum regionalen, innerstaatlichen Maßstab erstreckt. Eine emanzipatorische Transformation gesellschaftlicher Verhältnisse würde zuerst eine kritische – und damit auf Alternativen ausgelegte – Hinterfragung neoliberaler Produktions-, Konsum- und (Um-)Verteilungspraktiken erfordern. „An Polanyi [*The Great Transformation* (1944), A.K.] nicht nur terminologisch, sondern auch inhaltlich anzuknüpfen würde deshalb bedeuten, Transformation als einen Prozess zu begreifen, der über den Kapitalismus hinausweist" (Brand und Wissen 2017, 36).

Die Ausrichtung der Transformationspfade auf die Nachhaltigkeitsziele, somit das *Wofür* einer Nachhaltigkeitspolitik, folgt stattdessen einem Kurs, der sich aus einer Mischung aus Resignation, Verharmlosung und klassenspezifischen Eigeninteressen speist und die bisherige Nichtnachhaltigkeit vieler Lebensstile und Werte nachhaltig fortschreibt. „Das Erreichen und Überschreiten sogenannter *planetarischer Grenzen* bewirkt also nicht eine große Transformation zur Nachhaltigkeit, sondern […] (es wird) eine Politik der radikalen Ungleichheit und Exklusion offenbar unverzichtbar: eine *Politik der Nicht-Nachhaltigkeit*" (Blühdorn 2020b, 41). Selbst den „öko-emanzipatorischen Eliten" hält Ingolfur Blühdorn (2020b, 50) den Spiegel ihrer konsumkapitalistischen Lebensweise vor, „[…] fest gegründet auf das moralische Recht zur freien Verfügung über globale Güter, auf das Recht, die ganze Welt als Absatzmarkt, Erlebnispark und Entsorgungsdeponie zu nutzen […]. Diese Lebensstile und Rechtsansprüche sind […] zutiefst inkompatibel mit den Idealen der Demokratie und Ökologie".

Diese Befunde geben wenig Anlass zu der Erwartung, dass eine sozial-ökologische Transformation den umfassenden Inklusionsprinzipien der Beziehungsgleichheit und fairen Chancengerechtigkeit nachhaltig Nachdruck verleihen und so den in prekären Verhältnissen lebenden Menschen eine Perspektive auf Überwindung ihrer Lebensbedingungen bieten wird. Wahrscheinlicher ist, dass trotz Komplexitätssteigerung durch ‚Entry Points' und ‚Levers' die Nachhaltigkeitsziele selektiv über kompensatorische Maßnahmen einzelner Unterziele zu erreichen versucht werden, anstatt sie integrativ im Verständnis multipler, intersektionaler Problemzusammenhänge anzugehen.

Strategien der Armutsüberwindung

Eine alternative Wohn(ungs)politik kann dabei helfen, die Armutsproblematik zu entschärfen. Das Entkoppeln von Erwerbstätigkeit und sozialer Teilhabe hilft bei der Überwindung von Armut. Gemeinschaftliche Versorgestrukturen wirken zudem präventiv.

Wo müsste eine alternative Wohn(ungs)politik ansetzen?

Aus den Überlegungen der vorherigen Kapitel nimmt für einen armutsüberwindenden Ansatz im Bereich des Wohnens der Aspekt der Dezentralisierung bzw. (Re-)Kommunalisierung politischen und gesellschaftlichen Handelns einen zentralen Stellenwert ein. Damit ist eine emanzipatorische Loslösung (nicht Abkopplung) vom wohlfahrts- und sozialstaatlichen Zentralismus angesprochen, der aufgrund seiner institutionalisierten Strukturen Abhängigkeit und Entmündigung impliziert (Degen und Knoblauch 2019, 195). Demgegenüber sind lokaldemokratische Entscheidungsstrukturen weiter zu stärken. Entsprechende Initiativen sind zahlreich (Adloff und Leggewie 2014; Die Armutskonferenz 2013), bedürfen jedoch einer weiteren systematischen Vernetzung.

Allgemein ist eine Verknüpfung territorialer mit relationalen Raumkonzepten anzustreben, um ortsbezogene Angelegenheiten mit überörtlichen Beziehungsstrukturen und -prozessen adäquat zu organisieren. Beispielsweise würde das im Bereich der Planungspolitik bedeuten, Flächenwidmungen und Baulandausweisungen unter Einbeziehung aller Bürger:innen des Ortes *und* regionalplanerischer Vorgaben zu diskutieren und zu entscheiden. Damit ließe sich die bisherige isolierte Bebauungsplanung der Kommunen, die dem Wettbewerb um – möglichst einkommensstarke – Haushalte unterliegt, zugunsten einer ökologisch, sozial und ökonomisch integrierten Kommunal-Regionalplanung transformieren. Im Verbund mit einer restriktiven Baulandausweisung und flankiert durch eine Wertschöpfungsabgabe auf umgewidmete Flächen stiegen dann die Chancen, Wohnen nicht nur leistbar, sondern auch ökologisch nachhaltig zu gestalten.

Eine Dekommodifizierung des Bodens wäre auch über eine (wieder) verstärkte Anwendung des Erbbaurechts zu realisieren. In den Nachkriegsjahren beider Weltkriege diente das Erbbaurecht als Instrument der genossenschaftlichen und öffentlichen Wohnraumversorgung für die unteren Einkommensgruppen (Lichtenberg 2020, 72 f.). Durch die eigentumsrechtliche Trennung von Boden und Gebäude und die langen Vertragslaufzeiten für die Verpachtung des Bodens ist ein effektiver, wenn auch nicht vollständiger Schutz vor Bodenspekulation gegeben.

Das übergeordnete Ziel der (Re-)Kommunalisierung von Wohnraum liegt darin, die Funktion des Wohnens als elementares Bedürfnis der Daseinsvorsorge und die Wohnung als Teil der sozialen Infrastruktur in den Mittelpunkt zu rücken. Vor dem Hintergrund profitorientierter Verwertungsinteressen, die unter anderem durch die Privatisierung kommunaler Wohnungsbestände, die Abschaffung der Wohnungsgemeinnützigkeit und den mangelnden alternativen Kapitalanlagemöglichkeiten forciert wurden und werden (Jensen 2020, 149 f.), gewinnen politische und zivilgesellschaftliche Bemühungen einer (Re-)Kommunalisierung von Wohnraum auch für die Bewältigung von Verarmungsrisiken an Bedeutung, wie Beispiele in Berlin, Dresden und Kiel (ebd.) sowie allgemein das *Mietshäuser Syndikat* (2021) zeigen (zu gemeinschaftlichen Wohnformen siehe Pätzold 2019).

Auch hier gilt wiederum, dass ortsgebundene Projekte sozial und räumlich in relationale Kontexte eingebunden werden müssen, wie Voß (2009, 221) für den sozialen Teil betont: „Auch selbstverwaltete Projekte sind auf ein tragfähiges gesellschaftliches Umfeld angewiesen, brauchen sozialstaatliche Leistungen, Infrastrukturen und Freiheitsrechte […]".

Videotipps | Wo müsste eine alternative Wohn(ungs)politik ansetzen?
https://www.youtube.com/watch?v=fdWyPh103t0
https://www.youtube.com/watch?v=kVIJTe375U8

Wie ließe sich die Entkopplung von Erwerbsarbeit und sozialer Teilhabe umsetzen?

Die Entkopplung von Erwerbsarbeit und sozialer Teilhabe dürfte der zentrale Baustein einer beginnenden Entfunktionalisierung von Armut sein. Flankiert durch arbeitszeitpolitische Programme und eine armutsverhindernde bzw. armutsüberwindende Grundsicherung – ob in Form eines bedingungslosen Grundeinkommens oder einer allgemeinen solidarischen Bürgerversicherung sei hier dahingestellt – würde auf der Seite der Erwerbsarbeit deren wirtschaftlich begründete gesellschaftliche Integrations- und Anerkennungsleistung zugunsten anderer Tätigkeitsformen lockern. Reproduktionsarbeit (Pflege, Erziehung, Haushalt, Bildung, Selbstsorge) könnte der Stellenwert zugestanden werden, der ihr für den sozialen, politischen und ökonomischen Zusammenhalt einer Gesellschaft (und ihren Gemeinschaften) de facto zukommt. Auf der Seite der sozialen Teilhabe würden für alle Gesellschaftsmitglieder Verfügungsspielräume entstehen oder wachsen, die eine individuelle Hinwendung zu präferierten Fähigkeiten erlauben und so alternative Anerkennungsformen etablieren würden.

Arbeitslosigkeit würde über kurz oder lang ihre stigmatisierende und Verwirklichungschancen einschränkende Funktion verlieren.

Einen Entkopplungsschritt weiter gehen alternative Entlohnungssysteme wie Zeitbanken oder Regionalwährungen (Küblböck 2013; Plettenbacher 2011). Sie kommunalisieren Erwerbs- wie Reproduktionsarbeit und schaffen die Voraussetzung für jene wechselseitige Verschränkung von Wissen und Empathie, die Rosanvallon (2013) vorgeschlagen hat. Sie wären zudem in der Lage, die auf Knappheit und Effizienz normierte Zeitverwendungslogik von Marktwirtschaften aufzubrechen und stattdessen eine „Zeitverausgabungslogik" zu befördern: „Je mehr wir beides [*Care* und *Commons*; A.K.] investieren, desto besser" (Helfrich 2013, 40).

Ergänzend zu den Entlohnungssystemen ließen sich auch Konsumausgaben für elementare Bedürfnisse wie Wohnen, Gesundheit, Bildung und Lebensmittel einkommensdifferenziert staffeln. Ein Beispiel: Ein Laib Brot hätte dann, exemplarisch, drei Preise – entsprechend dreier Einkommensgruppen, von denen eine anonymisiert auf der Debitkarte vermerkt wäre. Dieses Prinzip könnte auf Arzt- und Wohnungskosten übertragen und auch für Gebühren, wie zum Beispiel Strafzettel, ausgedehnt werden. Denn es macht einen Unterschied, ob jemand 450 Euro Kaltmiete bezahlt, wenn das Nettoeinkommen 1.200 oder 2.900 Euro beträgt; anders gefragt: Warum gibt es nur einen Preis für ein Gut oder eine Verwarnungsgebühr, wenn die Einkommensungleichheit derart groß ist?

Dies würde angebotsseitig eine Mischkalkulation für Grundbedarfsgüter bedeuten, für die die tatsächlich anfallenden ökologischen Kosten einberechnet werden müssten. Alternativ wäre eine staatliche Kompensation für niedrige Einkommensbezieher:innen denkbar, oder eine Steuerprogression auf Einkommen, die die Einkommensungleichheit signifikant verringert. Steuerfinanzierte öffentliche Infrastrukturen wie im Bildungs- und Verkehrsbereich müssten für alle Nutzer:innen kostenfrei sein oder einen ebenso niedrigen Preis haben, sofern sie über eine allgemein als gerecht erachtete Steuerprogression finanziert werden. Dann zahlen höhere Einkommensgruppen mehr als niedrige und wären für die Nutzung gleichgestellt. Demgegenüber sollte die Höhe von Zahlungen wie dem Kindergeld entsprechend dem Haushaltseinkommen gestaffelt werden.

Mit all diesen Varianten wäre dem zweiten Gerechtigkeitsgrundsatz von Rawls entsprochen, da alle relativ zu ihrem Einkommen gleich viel für Grundbedarfsgüter und -dienstleistungen bezahlen und die einkommensärmste Gruppe am meisten von dieser Preisstaffelung profitieren würde.

Videotipps | Wie ließe sich die Entkopplung von Erwerbsarbeit und sozialer Teilhabe umsetzen?
https://www.youtube.com/watch?v=QrgO3YrNRbA
https://www.youtube.com/watch?v=mMHRD2jwVYI

Wie gelänge Armutsprävention und -bewältigung durch gemeinschaftliche Versorgungsstrukturen?

Möglichkeiten einer Dezentralisierung im Versorgungsbereich bieten *Commons*, da sie auf Produktions-, Konsum-, Nutzungs- und Verteilungsformen gründen, die explizit inklusive Gemeinschaften zum Ziel haben (Die Armutskonferenz 2013). *Commons* als Gemeineigentum stellen mit ihrem Ansatz, Verteilung Vorrang vor Umverteilung zu gewähren, eine wachsende Ergänzung zum Individualeigentum dar. „Commons bergen in ihren vielfältigen Formen den Grundgedanken, dass es nicht um Almosen der Habenden für die Habenichtse geht, sondern um einen legitimen Anteil am ganzen Kuchen [...]" (Helfrich 2013, 34).

Commons reflektieren kritisch die bestehenden wirtschaftlichen und sozialen Verhältnisse, und dabei die Reproduktion von Armut und Ungleichheit. Sie offerieren einen Hebel für eine sozial-ökologische Transformation, da es darum geht, „[...] die Souveränität über die Produktion(sbedingungen) und über die Primärverteilung der Produktionsgrundlagen (Land, Wasser, Biodiversität, Infrastruktur)" (Helfrich 2013, 39) neu zu denken. Beispiele für *Commons* sind die gemeinschaftliche Nutzung von unter anderem Grund und Boden (Allmende), Autos, Werkzeug (*Sharing Economy*) (Welzer 2014) oder bei gemeinschaftlichen Wohnformen (*Social Co-Housing*, *Co-Living*) die Errichtung gemeinsam genutzter Räume wie die Küche zur Kinderbetreuung oder für das *Co-Working*. *Repair*-Cafés, *Food Coops* oder Gemeinschaftsräume in Wohnsiedlungen sind weitere Angebote zur Armutsprävention bzw. Armutsverhinderung. Lokale und Genossenschaftsbanken, die regional verankerte Unternehmen unterstützen oder gemeinschaftlich organisierte Wohn(bau)projekte mit Krediten versorgen (Küblböck 2013, 98 f.), tragen zur Verbreitung der vielfältigen *Commons*-Projekte wesentlich bei.

Eine andere Strategie der (Re-)Kommunalisierung besteht darin, den Subsistenzgedanken in der Produktion von Lebensmitteln oder Energie in zeitgemäßer Form in Städten aufzugreifen. Hierzu gehört *Urban Farming*, bei dem Lebensmittel auf Hausdächern, in Gebäuden oder auf ehemaligen Brachflächen produziert werden. In Form von *Urban Gardening* spielt neben dem Anbau von Obst und Gemüse die soziale Interaktion in der Nachbarschaft eine wichtige Rolle. Dies schafft durch geringere Transportkosten und Emissionen sowie geschlossene Wasser- und Energiekreisläufe eine ökologische Nachhaltigkeit, und durch (potenziell) geringere Produktionskosten und ökologisch-lokale Anbaumethoden eine soziale Nachhaltigkeit, die auch Haushalten mit geringeren Einkommen zugutekommen können.

Armutsbewältigung und Armutsprävention dürfen verarmte Menschen weder stigmatisieren noch sie einer an Bedingungen der Erwerbsarbeit geknüpften Inklusion aussetzen. Es gilt für Armut analog das, was Berger (2003, 31) schon vor knapp 20 Jahren für eine Stadtökologie als Gesellschaftsanalyse und Gesellschaftskritik über „die Umwelt" festgehalten hat: „Die eigentlich triviale Wahrheit, dass nicht ‚die Umwelt', sondern die mit ihr hantierende Gesellschaft Problem und Patient ist, wird verdrängt".

Persönliche Stimmen der Armut

Auf den nächsten Seiten kommen zwei Menschen zu Wort, die Armut erlebten und darüber geschrieben haben.

Was sagt Else Feldmann?

Else Feldmann war eine sozialistische Schriftstellerin jüdischer Herkunft, die 1884 in Wien geboren und 1942 im Vernichtungslager Sobibor getötet wurde. Aus den erhalten gebliebenen Dokumenten geht hervor, dass sie in ihrer Kindheit und am Ende ihres Lebens selbst in ärmlichen Verhältnissen gelebt hat (Adolf Opel im Vorwort). Während ihre Romane und Theaterstücke durch autobiographische Bezüge geprägt waren, schrieb Else Feldmann ihre in dem Band *Flüchtiges Glück* (2018) veröffentlichten Reportagen über die Not und das Elend im Wien der Zwischenkriegszeit, ohne dabei ihre persönlichen Erfahrungen ausdrücklich zu erwähnen. Sie offenbaren sich in der Empathie und Anteilnahme für die Armen, vor allem Kinder und Frauen. Ihre politische Kritik an den herrschenden Klassen-, Arbeits- und Wohnverhältnissen im Wien der 1920er- und 1930er-Jahre übt sie weniger durch Revolutionsrhetorik als durch einfühlsame Beschreibungen. In einem Artikel in der *Arbeiter-Zeitung* über die Künstlerin Käthe Kollwitz vom Juli 1924, die sie als „Verkünderin des proletarischen Leides" und „eine der größten Propagandisten der Arbeiterbewegung" charakterisiert, hebt Else Feldmann hervor: „Immer wieder zeigt sie die Opfer des Mehrwerts. [...] [E]ine Zeit ist zu sehen, in der die Mütter, deren Kinder die Maschine erfaßt hat, sich mit wildem Schrei zur Wehr setzen. [...] Der proletarische Schmerz hat sein eigenes Gesicht" (Feldmann 2018, 72 f.).

Feldmanns Anteilnahme für die Arbeiterklasse schließt eine Kritik an deren Übernahme von bürgerlichen Wertvorstellungen, wie beispielsweise dem Erziehungsstil, mit ein. Über ihre Beobachtungen während der Fahrten mit der Straßenbahn, in der Mütter ihre Kinder zur Disziplin ermahnten, hält sie in einem Artikel vom Juni 1928, wiederum in der *Arbeiter-Zeitung*, fest: „Die mühselige Arbeiterfrau glaubt ein Recht zu haben, aus der schmerzlichen Dürftigkeit ihres Lebens heraus ihren Kindern mit Mißmut und Zorn entgegenzutreten. Wie unrecht tut sie daran! Kein Irrtum wird härter bestraft als dieser" (ebd., 117).

In ihren Zeitungsberichten, die sie den konkreten Schicksalen einzelner Menschen oder Gruppen wie den Arbeiterinnen widmet, verknüpft Else Feldmann diese Schicksale doch auch immer wieder mit den großen, allgemeinen Forderungen sozialistischer Sozialpolitik ihrer Zeit. Über einen Besuch des Sozialphilosophen Popper-Lynkeus in dessen Wohnung, bei dem sie auch auf sein Werk *Die allgemeine Nährpflicht als Lösung der sozialen Frage* von 1912 zu sprechen kommen, schreibt sie im *Neuen Wiener*

Journal im Februar 1919 geradezu emphatisch: „In einigen Jahren, wenn der Sozialismus das Gut der ganzen Welt geworden ist, werden sich die Menschen besinnen: Wohltätigkeit – welch trauriger Schwindel, welch ein Betrug an den Armen! Jemand schenkt von seinem Überfluß, aber erst dann, wenn der Beschenkte am Zugrundegehen ist. Wenn ihm nicht mehr geholfen werden kann. An Stelle der schandbaren Wohltätigkeit tritt die soziale Fürsorge. Aber auch soziale Fürsorge wird im Stückwerk bleiben. Nie werden die »Verschämten« in den Dachkammern aufgefunden werden, nie die Mutter, die schweigend für ihre Kinder hungert. Immer werden viele zugrunde gehen, viele verhungern, viele ungeheilt dahinsiechen. Erst das Gesetz der allgemeinen Nährpflicht wird die Menschen von dem Übel der Armut und des Verhungerns erlösen" (ebd., 38).

Was sagt Anna Mayr?

In ihrem Buch *Die Elenden* (2020) kritisiert Anna Mayr den aus eigenen Erfahrungen in ihrem Elternhaus erlebten staatlichen Paternalismus, das durch Missbrauchsverdacht und Stigmatisierung gesellschaftlich geschürte Misstrauen gegenüber Armen und Arbeitslosen, und die Unmöglichkeit von in Armut lebenden Menschen, es den Bessergestellten aus deren Blickwinkel recht zu machen. Als Arbeitslose:r einem Hobby nachgehen – statt Arbeit zu suchen? Gesund essen – statt zu rauchen und zu trinken? Anmaßungen, denen sich im Wohlstand Lebende nicht beugen würden, wohl aber befürchten müssten, sich im Falle von Armut oder Arbeitslosigkeit beugen zu müssen.

Mit ihrer armutsbezogenen Gesellschaftskritik weist Mayr wiederholt auf das wechselseitige Nichtwissen über die jeweiligen Lebensverhältnisse hin, das dann in abwertende Vorurteile und mentale Exklusionen mündet. „Was also fehlt, ist eine Form des Verständnisses füreinander, die nicht auf Adaption beruht, sondern auf Empathie. Damit meine ich […] das Vertrauen anderen Menschen gegenüber, dass sie für sich in der Situation, in der sie sind, die richtigen Entscheidungen treffen" (ebd., 32 f.).

Der Mangel an wechselseitigem Wissen und Verständnis zwischen den sozialen Klassen und Milieus entlang der Einkommensskala geht zusätzlich mit einem strukturellen Ungleichgewicht in der Verfügbarkeit von Sozial- und Kulturkapital einher, aus dem sich ein Ungleichgewicht in der Deutungsmacht der jeweiligen Lebensverhältnisse vermeintlich legitimiert. Mit der zunehmenden sozialräumlichen Segregation verstärkt sich dieser

Mechanismus zusätzlich. Anna Mayr kritisiert diese Problematik unter anderem für die Soziale Arbeit des urbanen Quartiersmanagements, das aus Sicht der Helfenden einen Beitrag zur Verbesserung der Teilhabechancen leistet, aus der Sicht der Betroffenen jedoch ihren Status weiter festigt. „Wenn eine Stadt sich entschließt, einen Stadtteil als »Problemviertel« zu bezeichnen, dann ist das eben nicht allein bezeichnend, sondern immer auch prägend, performativ […]" (ebd., 99). Die mentale Kluft verbreitert sich dann rasch zu einem absurden Graben, der nicht nur hohe sozialpolitische Kosten verursacht, sondern auch an der Oberfläche der Symptome verbleibt: „Es gibt also Menschen in dieser Gesellschaft, die gehen kaputt, damit der Rest sich von ihnen abgrenzen kann, und je mehr sie ausgegrenzt werden, desto mehr gehen sie kaputt. Und wenn sie kaputt genug sind, bezahlt der Staat Menschen, die sich um sie kümmern" (ebd., 84).

Dass diese Sicht auf Soziale Arbeit auch von Vertreter:innen der Disziplin – durchaus selbstkritisch – so gesehen wird, belegen Beck und Reutlinger (2019, 21) am Beispiel der Wohnungsfrage: „Im Grunde trägt Soziale Arbeit zur Stabilität und *Kontrolle von Normalitätsmustern* bei […]. […] In ihrem doppelten Mandat von Hilfe und Kontrolle sichert und reguliert sie somit vorherrschende gesellschaftliche Verhältnisse und die damit verbundenen Wohnverhältnisse mit".

Wichtige Begriffe kurz erklärt

Armut, absolute

Absolute oder extreme Armut ist ein Zustand, in dem Menschen nicht in der Lage sind, ihre grundlegenden Bedürfnisse wie zu trinken, zu essen, sich zu kleiden, zu wohnen, sicher und gesund zu leben in hinreichendem Maße befriedigen zu können. Hinzu kommen die fehlenden Möglichkeiten, sich bilden zu können, an sozialen und politischen Prozessen teilzuhaben, einer menschenwürdigen Arbeit nachzugehen und Zugang zu gesellschaftlichen Institutionen und Leistungen zu haben. Auch unterschiedlichen und mehrfachen Diskriminierungen ausgesetzt zu sein, ist Ursache absoluter Armut.

Zur Messung von absoluter Armut wird zum einen eine Geldeinheit angegeben, die als absolutes finanzielles Minimum angesehen wird, um zu überleben. Um Vergleiche zu ermöglichen sowie nationale Charakteristika zu berücksichtigen, wird die Kaufkraft der jeweiligen nationalen Währung herangezogen. Derzeit liegt die Grenze bei 1,90 US-Dollar pro Tag und Person.

Zum anderen werden mehrdimensionale Maße wie der *Multidimensional Poverty Index* (MPI) oder *Human Development Index* (HDI) verwendet. Der MPI nutzt zur Armutsmessung auf Haushaltsebene die Indikatoren Bildung, Gesundheit und Lebensstandard. Der HDI, der die nationale Entwicklung misst, verwendet die Kaufkraft pro Kopf, die Alphabetisierungsrate und die Lebenserwartung.

Armut, relative

Relative Armut bemisst sich nicht nach einem absoluten Mangel oder dem Fehlen grundlegender Güter, Dienstleistungen oder Zugangschancen, die zum physischen und gesellschaftlichen Überleben unerlässlich sind, sondern im Verhältnis zum gesellschaftlichen Umfeld. Mit Umfeld ist in der Regel der Nationalstaat gemeint. Die EU definiert relative Armut wie folgt: „Personen, Familien und Gruppen sind arm, wenn sie über so geringe (materielle, kulturelle und soziale) Mittel verfügen, dass sie von der Lebensweise ausgeschlossen sind, die in ihrer Gesellschaft als Minimum annehmbar ist". Erweitert wird die Bestimmung relativer Armut um Deprivation (Mangel) und soziale Ausgrenzung: „Ihrer Armut wegen können Sie zahlreichen Benachteiligungen ausgesetzt sein [...]. Sie sehen sich häufig an den Rand gedrängt und von der Teilnahme an Aktivitäten (wirtschaftlicher, sozialer und kultureller Art) ausgeschlossen, die für andere Menschen die Norm sind. Auch kann ihr Zugang zu Grundrechten eingeschränkt sein".

Auch relative Armut wird zunächst über den Indikator Einkommen gemessen. Dabei wird von Armutsgefährdung gesprochen, wenn das Haushaltseinkommen weniger als 60 Prozent des mittleren Einkommens eines Landes beträgt. Als Mittelwert wird der Median herangezogen. Zudem wird das Haushalteinkommen mit der Zahl und dem Alter der Haushaltsmitglieder gewichtet; somit wird eine gleichmäßige Verwendung des Haushaltseinkommens unterstellt. Neben dem Einkommen spielen weitere Kriterien wie die Langzeitarbeitslosigkeit, Personen in Arbeitslosenhaushalten, Bildungsnachteile, medizinische Versorgung und Lebenserwartung eine Rolle in der Bestimmung von relativer Armut und sozialer Ausgrenzung.

Über die Ermittlung von Mangelsituationen, wie beispielsweise notwendige Arztbesuche nicht tätigen oder die Wohnung nicht angemessen warm halten zu können, wird die materielle Entbehrung (Deprivation) als weiterer Ansatz zur Bestimmung relativer Armut herangezogen.

Videotipp zur absoluten und relativen Armut:
https://www.youtube.com/watch?v=_YV2JWW9gbI

Armutsgefährdungslücke, relative

Zur Bestimmung der Armutsgefährdungslücke wird das Medianeinkommen der Haushalte, die unterhalb des 60-Prozentwertes der Armutsgefährdungsschwelle liegen, mit dem Medianeinkommen der Armutsgefährdungsschwelle und dem Medianeinkommen der Gesamtbevölkerung in Beziehung gesetzt. Relativ ist diese Lücke, weil sie als Prozentwert der Differenz der drei Medianeinkommen angegeben wird.

Zum Beispiel lag 2017 das Medianeinkommen der armutsgefährdeten Bevölkerung in der EU bei 45,2 Prozent des Medianeinkommens der Gesamtbevölkerung. Die absolute Differenz zur Armutsgefährdungsschwelle beträgt 14,8 Prozent (60–45,2). Die relative Differenz zum Medianeinkommen der Gesamtbevölkerung beträgt dann 24,7 Prozent (14,8 / 60 × 100).

Armutsgefährdungsquote

Die Armutsgefährdungsquote beziffert den Anteil der armutsgefährdeten Personen an der Gesamtbevölkerung. Hierfür wird das Haushaltsnettoeinkommen herangezogen, das mit der Zahl und dem Alter der Haushaltsmitglieder gewichtet wird. Zum Einkommen zählen Einkünfte aus selbständiger und unselbständiger Tätigkeit, Mieteinnahmen, Einkommen aus Vermögen, Renten, Pensionen und Sozialtransfers. Zur Bildung der Armutsgefährdungsschwelle (oder Armutsgefährdungsgrenze) wird der Median verwendet. Er ist der Zentralwert einer der Größe nach geordneten Verteilung und damit unabhängig von Extremwerten. 60 Prozent des Medians werden als Grenzwert für die Bestimmung der Armutsgefährdungsquote herangezogen.

Commons

Bei *Commons* handelt es sich um Produkte und Ressourcen, die gemeinschaftlich hergestellt, genutzt und besessen werden. Zu diesen Ressourcen gehören unter anderem Land, Nahrungsmittel, Wissen, Software oder Zeit. *Commons* können in der Form der Herstellung und Nutzung von Kollektivgütern und des Kollektiveigentums organisiert sein. Die Allmende als Gemeineigentum und gemeinschaftlich bewirtschaftete Fläche in der Land-, Forst- oder Gewässerwirtschaft ist die historisch bekannteste Form von *Commons*. Heute erstrecken sich *Commons* zum Beispiel auf Autos, Wohngebäude oder wissenschaftliche Publikationen. Der *Commons*-Gedanke wird zudem im Zusammenhang der solidarischen Ökonomie und der Reproduktionsarbeit diskutiert.

Videotipp zu *Commons*:
https://www.youtube.com/watch?v=Qr5Q3VvpI7w

Videotipp zur *Share Economy*:
https://www.youtube.com/watch?v=TcazXOkRs-c

Deprivation, soziale

Soziale Deprivation im Armutskontext verweist auf einen materiellen und sozialen Mangel, der mit Ausgrenzung von als notwendig erachteten oder als gesellschaftlich anerkannten Teilhabeformen einhergeht. Im sozialpsychologischen Kontext wird der Mangel an sozialen Kontakten oder eine ausgeprägte soziale Isolation betont. Eine Operationalisierung der sozialen Deprivation erfolgt über zahlreiche Indikatoren wie unter anderem zu Arbeitsbedingungen, Sozialbeziehungen, Wohnumgebung, Gesundheit, Erziehung, Ernährung, Kleidung oder Freizeitmöglichkeiten. Als Messansatz wird materielle Deprivation von der EU für ihre *Statistics on Income and Living Conditions* (EU-SILC) verwendet.

Inklusion

Inklusion ist Ausdruck für eine uneingeschränkte, diskriminierungsfreie und gleichberechtigte Teilhabe aller Mitglieder einer Gesellschaft. In sozialer Hinsicht strebt Inklusion eine weitreichende Verringerung sozialer Ungleichheiten an, in normativer Hinsicht eine Überwindung exkludierender Strukturen. Inklusion ist daher eine symmetrische Leistung, die alle Gesellschaftsmitglieder und die Gesellschaft als Ganzes zu erbringen haben. Über die Behindertenrechtskonvention der Vereinten Nationen erlangt Inklusion den Status eines umfassenden weltweiten Menschenrechts. Die Nachhaltigen Entwicklungsziele der Agenda 2030 fordern unter anderem inklusive Bildung (SDG 4), inklusive Städte (SDG 11) und inklusive Gesellschaften (SDG 16).

Integration

Integration bedeutet die Einbeziehung bislang ausgeschlossener Personen oder sozialer Gruppen in die Gesellschaft. Sie verlangt eine persönliche Anpassungsleistung der zu integrierenden Personen in die konkret existierenden Systeme (z. B. Arbeits- und Wohnungsmarkt, Bildungssystem) der Aufnahmegesellschaft und deren Institutionen. Nur bedingt ändern sich dadurch die normativen Grundlagen der Aufnahmegesellschaft. Durch sozialen Wandel ändert sich der Modus der Integration. Während segmentierte Gesellschaften Integration durch »mechanische Solidarität« (Durkheim) herstellen, erfolgt dies in stratifizierten und funktional differenzierten Gesellschaften durch »organische Solidarität«. Mit gelungener Integration geht nicht zwangsläufig die Auflösung räumlicher oder sozialkultureller Segregation einher.

Videotipps zu Inklusion und Integration:
https://www.youtube.com/watch?v=6H8X5NKZ3K8
https://www.youtube.com/watch?v=H6Pvgr6pweM

Kommodifizierung

Werden soziale Güter, Ressourcen oder Institutionen zunehmend als Ware bewertet, die sich vermarkten lässt, spricht man von Kommodifizierung („Zur-Ware-Werden"). Im Zuge der zunehmenden Durchsetzung kapitalistischer Marktprinzipien in gesellschaftliche Bereiche, die ursprünglich nicht (oder nicht in dem Maße) der Profitlogik unterworfen waren, unterliegen immer mehr dieser sozialen Güter dem Prozess der Kommodifizierung. Neben Arbeit und Land sind dies unter anderem Wohnungen und öffentliche Räume (durch Privatisierung), aber auch Wissen (Universitäten als Unternehmen) und der menschliche Körper (als Vermarktungsobjekt eines Models oder im Menschen- und Organhandel) sowie Kapital (im Zuge der Finanzialisierung). Dabei handelt es sich um »fiktive Waren« (Karl Polanyi), die nicht für den Markt ‚produziert' wurden, sondern zur Befriedigung gesellschaftlicher Bedürfnisse dienen.

Videotipp zu Wohnung als Ware:
https://www.youtube.com/watch?v=JRB2pL9Gl94

Resilienz

Resilienz bezeichnet die psychische Fähigkeit, Krisen ohne anhaltende Beeinträchtigungen zu bewältigen. Der Begriff stammt ursprünglich aus der Materialwissenschaft und beschreibt dort die Fähigkeit bestimmter Materialien, nach Verformungen wieder in den Ausgangszustand zurückzukehren. Diese Fähigkeit wird analogisierend auf andere Bereiche wie die Ökologie, Psychologie, Soziologie oder Geographie übertragen. Aktuell fordert die Corona-Pandemie Gesellschaften weltweit heraus, ihre Resilienzfähigkeiten unter Beweis zu stellen.

Videotipp zur psychischen Resilienz:
https://www.youtube.com/watch?v=-j4iiVfqric

Videotipp zu Vulnerabilität und Resilienz:
https://www.youtube.com/watch?v=_GVX4pAlqFM

Segregation, residentielle

Unter residentieller Segregation wird eine nicht zufällige Ungleichverteilung der Wohnbevölkerung in einem räumlich abgegrenzten Gebiet – einer Stadt, einer ländlichen Gemeinde, einer Insel, einer Grenzregion etc. – verstanden. Sie ist das (temporäre) Ergebnis von (relativen) Entmischungsprozessen, die sich durch soziale Ungleichheit (Klasse, Milieu), räumliche Ungleichheit (Wohnungsmarkt, Infrastruktur) und politisch-administrative Zuweisungspraktiken (sozialer, geförderter Wohnungsbau) einstellen.

Zur Messung von residentieller Segregation wird das Gesamtgebiet in territoriale Teilräume wie Stadtteile oder in gleichmäßige Rasterzellen (*Grids*) unterteilt. Die Wohnbevölkerung lässt sich nach unterschiedlichen sozialen Gesichtspunkten wie zum Beispiel Einkommen, Alter, Migrationshintergrund, sozialer Schicht oder Haushaltsgröße charakterisieren. Neben den sozialen Attributen der Haushalte fließen in die Bestimmung residentieller Segregation auch räumliche Eigenschaften wie Infrastrukturausstattung oder Wohnverhältnisse ein. Übliche Segregationsmaße sind der Gini-Koeffizient, der Segregations- und der Dissimilaritätsindex.

Sozialökologische Transformation

Vor dem Hintergrund der Analyse gesellschaftlicher Naturverhältnisse – dem materiellen, durch Arbeit kontinuierlich vermittelten Stoffwechsel zwischen Gesellschaft und Natur sowie der kulturellen Wahrnehmung von Natur – strebt sozialökologische Transformation eine Überwindung der bestehenden Gesellschaft-Natur-Verhältnisse an. Sie sind durch expansives Wirtschaftswachstum, der Nutzung fossiler Energieträger, dem Vorrang agrarischen Produktivitätsfortschritts und der Externalisierung der Folgen von Produktion, Transport und Konsum gekennzeichnet. Dem steht eine politische Agenda gegenüber, die die Paradigmen des neoliberalen Kapitalismus zu überwinden versucht, sich für regenerative und nachhaltige Energie-, Produktions- und Konsumformen einsetzt und eine inklusive Gesellschaft anstrebt, die ökologische Erfordernisse mit Armutsüberwindung und Abnahme sozialer Ungleichheiten in Einklang bringt.

Videotipp zur sozial-ökologischen Transformation:
https://www.youtube.com/watch?v=XgLozC4LfeA

Stigmatisierung

Stigmatisierung ist ein Akt der Zuschreibung von Eigenschaften oder Merkmalen auf Personen oder Gruppen, die der vermeintlichen Normerwartung einer Gesellschaft nicht entsprechen und es demzufolge gerechtfertigt erscheint, sie herabzusetzen oder von gesellschaftlichen Leistungen auszuschließen. Symptome wie Wohnungs- und Arbeitslosigkeit, Krankheit, ethnische Zugehörigkeit oder der Wohnort werden als Ursache für die Erklärung von typischen Verhaltensmustern unhinterfragt herangezogen. Diese Erklärungen legitimieren eine reproduktive Festschreibung der Stigmata. Der Bezug von Hartz IV wird beispielsweise mit individuellem Versagen auf dem Arbeitsmarkt oder parasitärem Verhalten gleichgesetzt. Armut avanciert so zum sozialen Stigma. Sofern stigmatisierende Zuschreibungen einer breiten gesellschaftlichen Akzeptanz unterliegen, entwickeln sie eine Macht, die in Selbststigmatisierung münden kann.

Videotipp zur Stigmatisierung im Kontext von Rassismus:
https://www.youtube.com/watch?v=NLQdFeZMSbQ

Videotipp zum Stigma nach Erving Goffman:
https://www.youtube.com/watch?v=88GMCP4IEqk

Subsidiaritätsprinzip

Das aus der katholischen Soziallehre stammende Subsidiaritätsprinzip räumt der selbstbestimmten und selbstverantwortlichen Lebensgestaltung des Einzelnen Vorrang vor dem Eingriff staatlicher Institutionen ein. Die Aufgabe des Staates liegt in der Schaffung der Rahmenbedingungen zur Entfaltung der individuellen Fähigkeiten. Dies gilt gleichermaßen für die politischen Ebenen, die zwischen dem Individuum und dem Staat liegen, sowie für suprastaatliche Institutionen. Welche Aufgaben von übergeordneten Institutionen wahrgenommen werden sollen, hängt auch von politisch-philosophischen Positionen ab (z. B. der Staat als »Gebilde der Natur« [Aristoteles] oder als Ergebnis eines Gesellschaftsvertrags [Rousseau]). Das Subsidiaritätsprinzip gerät in Gefahr, wenn sich die übergeordneten Institutionen verselbständigen und daraus originäre Machtansprüche ableiten.

Videotipp zur Subsidiarität (ökonomisch):
https://www.youtube.com/watch?v=-KVkmLFTZIs

Vulnerabilität

Vulnerabilität bezeichnet einen Zustand von Menschen, sozialen Gruppen oder Gesellschaften, exogenen Stressfaktoren schutzlos ausgesetzt zu sein, die sie nicht selbst bewältigen können. Zu diesen Stressfaktoren gehören unter anderem mangelnde soziale Teilhabe, Exklusion aufgrund unterschiedlichster Diskriminierungen oder Naturrisiken (Dürre, Überschwemmungen, Bergstürze). Vulnerabilität, was mit Verwundbarkeit oder Verletzlichkeit übersetzt werden kann, geht somit über materielle Armut hinaus.

Videotipp zur Vulnerabilität (Klimawandel):
https://www.youtube.com/watch?v=ghX35HwAkS8

Videotipp zur Vulnerabilität (Naturrisiken):
https://www.youtube.com/watch?v=09_7G9vrI4w

Verwendete Literatur

Adloff, F.; Leggewie, C.: Das konvivialistische Manifest. Für eine neue Kunst des Zusammenlebens. Transcript Verlag, 2014.

Alexander, C.; Ishikawa, S.; Silverstein, M.: A Pattern Language: Towns, Buildings, Construction. Oxford University Press, 1978.

Alisch, M.; Dangschat, J.: Armut und soziale Integration. Strategien sozialer Stadtentwicklung und lokaler Nachhaltigkeit. Leske + Budrich, 1998.

Alvaredo, F.; Chancel, L.; Piketty, T.; Saez, E.; Zucman, G.: Die weltweite Ungleichheit. Der World Inequality Report. C. H. Beck Verlag, 2018.

Bäcker, G.: Armut und Sozialpolitik. In: Böhnke, P.; Dittmann, J; Goebel J.: Handbuch Armut. Verlag Barbara Budrich, S. 297–308, 2018.

BAG W Bundesarbeitsgemeinschaft Wohnungslosenhilfe: Zahl der Wohnungslosen. www.bagw.de/de/themen/zahl-der-wohnungslosen/index.html, 2019 (Abruf 14.03.2021).

Barba, L.; Regenmortel, H. v.; Ehmke, E.: Shelter From The Storm. The global need for universal social protection in times of COVID-19. Published by Oxfam GB for Oxfam International, doi: 10.21201/2020.7048, 2020.

Barlösius, E.: *Der Arme* – eine lesenswerte Lektüre. In: Simmel G.: Der Arme. Mimesis Verlag, S. 7–25, 2019 [1906].

BAWO Bundesarbeitsgemeinschaft Wohnungslosenhilfe. https://bawo.at, 2020 (Abruf 14.03.2021).

Beck, S.; Reutlinger, C.: Alles (nur) eine Frage des Wohnens? Einleitende Betrachtungen. In: Beck, S.; Reutlinger C.: Die Wiederkehr der Wohnungsfrage. Seismo Verlag, S. 7–29, 2019.

Beck, U.: Die Neuvermessung der Ungleichheit unter den Menschen. Suhrkamp Verlag, 2008.

Beck, U.; Grande E.: Jenseits des methodologischen Nationalismus: Außereuropäische und europäische Variationen der Zweiten Moderne. Soziale Welt, Jg. 61, Heft 3/4, S. 187–216, 2010.

Beck, U.; Poferl, A. (Hrsg.): Große Armut, großer Reichtum. Suhrkamp Verlag, 2010.

Belina, B.: Raum. Verlag Westfälisches Dampfboot, 2. Auflage, 2017.

Benz, B.: Armutspolitik der Europäischen Union. In: Huster, E.-U.; Boeckh, J.; Mogge-Grotjahn (Hrsg.): Handbuch Armut und soziale Ausgrenzung. 3. Aufl., Springer VS, S. 759–782, 2018.

Berger, H.: Entgrenzte Städte. Zur politischen Ökologie des Urbanen. Verlag Westfälisches Dampfboot, 2003.

Berkhout, E.; Galasso, N.; Lawson, M.; Morales, P.; Taneja, A.; Pimentel, D.: The Inequality Virus. Bringing together a world torn apart by coronavirus through a fair, just and sustainable economy. Published by Oxfam GB for Oxfam International, doi: 10.21201/2021.6409, 2021. Hinweis zu Abbildung 4: The material „The Inequality Virus – Esmé Berkhout, Nick Galasso, Max Lawson, Pablo Andrés Rivero Morales, Anjela Taneja, Diego Alejo Vázquez Pimentel – 25-01-2021" is reproduced with the permission of Oxfam, Oxfam House, John Smith Drive, Cowley, Oxford OX4 2JY, UK. www.oxfam.org.uk. Oxfam does not necessarily endorse any text or activities that accompany the materials.

Berking, H.: Global Images: Ordnung und soziale Ungleichheit in der Welt in der wir leben. In: Berking, H. (Hrsg.): Die Macht des Lokalen in einer Welt ohne Grenzen. Campus Verlag, S. 66–86, 2006.

Bertelsmann Stiftung (Hrsg.): Lietzmann, T.; Wenzig, C.: Materielle Unterversorgung von Kindern. Studie des Instituts für Arbeitsmarkt- und Berufsforschung im Auftrag der Bertelsmann Stiftung, 2020a.

Bertelsmann Stiftung (Hrsg.): Factsheet: Kinderarmut in Deutschland, www.bertelsmann-stiftung.de/de/publikationen/publikation/did/factsheet-kinderarmut-in-deutschland, 2020b (Abruf 01.03.2021).

Bertelsmann Stiftung (Hrsg.): Grabka, M. M.; Göbler, K.; Braband, C.: Der Niedriglohnsektor in Deutschland. www.bertelsmann-stiftung.de/fileadmin/files/BSt/Publikationen/GrauePublikationen/200624_Studie_Niedriglohnsektor_DIW_final.pdf, 2020c (Abruf 04.03.2021).

Bertelsmann Stiftung (Hrsg.): Tophoven, S.; Lietzmann, T.; Reiter, S.; Wenzig, C.: Armutsmuster in Kindheit und Jugend. Längsschnittbetrachtung von Kinderarmut. Studie des Instituts für Arbeitsmarkt- und Berufsforschung im Auftrag der Bertelsmann Stiftung, 2017.

Betzelt, S.: Armut und Gender. In: Böhnke, P.; Dittmann, J; Goebel J.: Handbuch Armut. Verlag Barbara Budrich, S. 166–176, 2018.

Blaschke, R.: Grundeinkommen – was ist das eigentlich? Und was ist ein emanzipatorisches Grundeinkommenskonzept? In: Rätz, W.; Paternoga, D.; Reiners, J.; Reipen, G. (Hrsg.): Digitalisierung? Grundeinkommen! Mandelbaum Verlag, S. 14–26, 2019.

Blühdorn, I.: Haben wir es gewollt? In: Blühdorn, I.; Butzlaff, F.; Deflorian, M.; Hausknost, D.; Mock, M.: Nachhaltige Nicht-Nachhaltigkeit. Warum die ökologische Transformation der Gesellschaft nicht stattfindet. Transcript Verlag, S. 13–27, 2020a.

Blühdorn, I.: Kein gutes Leben für Alle! Annäherung an einen Paradigmenwechsel. In: Blühdorn, I.; Butzlaff, F.; Deflorian, M.; Hausknost, D.; Mock, M.: Nachhaltige Nicht-Nachhaltigkeit. Warum die ökologische Transformation der Gesellschaft nicht stattfindet. Transcript Verlag, S. 29–64, 2020b.

BMAS Bundesministerium für Arbeit und Soziales: Lebenslagen in Deutschland. Der Sechste Armuts- und Reichtumsbericht der Bundesregierung, Entwurfsstand: 18. Januar 2021. www.sozialpolitik-aktuell.de/kontrovers---das-aktuelle-thema-neue-armut-in-deutschland.html, 2021 (Abruf 31.03.2021).

BMAS Bundesministerium für Arbeit und Soziales: Grundsicherung / Arbeitslosengeld II. www.bmas.de/DE/Arbeit/Grundsicherung-Arbeitslosengeld-II/, 2020 (Abruf 18.02.2021).

BMDW Bundesministerium für Digitalisierung und Wirtschaftsstandort: Allgemeines zur Sozialhilfe/Mindestsicherung. www.oesterreich.gv.at/themen/soziales/armut/3/2/Seite.1693914.html, (Abruf 23.03.2021).

BMU Bundesministerium für Umwelt, Naturschutz und nukleare Sicherheit: Umsetzung der Nachhaltigkeitsziele in Deutschland. www.bmu.de/themen/europa-internationales-nachhaltigkeit-digitalisierung/nachhaltige-entwicklung/2030-agenda/umsetzung-der-nachhaltigkeitsziele-in-deutschland/, 2020 (Abruf 22.12.2020).

Boeckh, J.: Migration und soziale Ausgrenzung. In: Huster, E.-J.; Boeckh, J.; Mogge-Grotjahn, H. (Hrsg.): Handbuch Armut und soziale Ausgrenzung, 3. Aufl., Springer VS, S. 539–571, 2018.

Böhnke, P.; Dittmann, J; Goebel J. (Hrsg.): Handbuch Armut. Verlag Barbara Budrich, 2018.

Bourdieu, P.: Ökonomisches Kapital, kulturelles Kapital, soziales Kapital. In: Kreckel, R. (Hrsg.): Soziale Ungleichheiten, Soziale Welt Sonderband 2, Göttingen, S. 183–198, 1983.

bpb Bundeszentrale für Politische Bildung: Zahlen und Fakten. Die soziale Situation in Deutschland, Armutsgefährdungsquoten. www.bpb.de/nachschlagen/zahlen-und-fakten/soziale-situation-in-deutschland/61785/armutsgefaehrdung, 2020a (Abruf 16.02.2021).

bpb Bundeszentrale für Politische Bildung: Altersarmut. www.bpb.de/nachschlagen/zahlen-und-fakten/soziale-situation-in-deutschland/158603/altersarmut, 2020b (Abruf 16.02.2021).

bpb Bundeszentrale für Politische Bildung: Armutsgefährdungsquoten von Migranten. www.bpb.de/nachschlagen/zahlen-und-fakten/soziale-situation-in-deutschland/61788/armut-von-migranten, 2020c (Abruf 03.03.2021).

bpb Bundeszentrale für Politische Bildung: Datenreport 2018 (Stichwort: Private Haushalte – Einkommen, Konsum, Wohnen), www.bpb.de/nachschlagen/datenreport-2018/, 2018 (Abruf 21.12.2020).

Bräuer, H.: Armut in Mitteleuropa 1600 bis 1800. In: Hahn, S.; Lobner, N.; Sedmak, C. (Hrsg.): Armut in Europa 1500–2000. Studienverlag, S. 13–34, 2010.

Brand, U.; Wissen, M.: Imperiale Lebensweise. Zur Ausbeutung von Mensch und Natur im globalen Kapitalismus. Oekom Verlag, 2017.

Brando, N.; Schweiger, G. (eds.): Philosophy and Child Poverty: Reflections on the Ethics and Politics of Poor Children and their Families. Springer, 2019.

Brülle, H.; Krätschmer-Hahn, R.: Dimensionen kommunaler Armutspolitik. In: Böhnke, P.; Dittmann, J; Goebel J.: Handbuch Armut. Verlag Barbara Budrich, S. 309–319, 2018.

Bürgergesellschaft (2021): Soziale Bewegungen. www.buergergesellschaft.de/praxishilfen/community-organizing/wie-wird-es-eingesetzt/soziale-bewegung/, 2021 (Abruf 25.01.2021).

Bundeskanzleramt: Beiträge der Bundesministerien zur Umsetzung der Agenda 2030 für nachhaltige Entwicklung durch Österreich, Bundeskanzleramt, 2017.

Burmester, M.: Kommunale Armutsverwaltung – zwischen gesetzlichem Auftrag und kommunalem Handeln. In: Huster, E.-J.; Boeckh, J.; Mogge-Grotjahn, H. (Hrsg.): Handbuch Armut und soziale Ausgrenzung, 3. Aufl., Springer VS, S. 717–740, 2018.

Busch-Geertsema, V.: Wohnungslosigkeit in Deutschland aus europäischer Perspektive. In: Bundeszentrale für politische Bildung: Gesucht! Gefunden? Alte und neue Wohnungsfragen, S. 203–216, 2019 [2018].

Butterwegge, C.: Die zerrissene Republik. Wirtschaftliche, soziale und politische Ungleichheit in Deutschland. Belt Juventa Verlag, 2020.

Butterwegge, C.: Armut. PapyRossa Verlag, 2018.

Butterwegge, C.: Armut in einem reichen Land. Wie das Problem verharmlost und verdrängt wird. Campus Verlag, 2. Auflage, 2011.

Butterwegge, C.; Rinke, K. (Hrsg.): Grundeinkommen kontrovers. Beltz Juventa Verlag, 2018.

Cauvet, P.: Deterritorialisation, reterritorialization, nations and states: Irish nationalist discourses on nation and territory before and after the Good Friday Agreement. GeoJournal 76, p. 77–91, 2011.

Chassé, K. A.: Kinderarmut in Deutschland. Aus Politik und Zeitgeschichte, 51–52/2010, Armut in Deutschland. Bundeszentrale für Politische Bildung, S. 16–23, 2010.

Cowell, F. A.: Measuring Inequality. Oxford University Press, 2011.

Cremer, G.: Armut in Deutschland. C.H. Beck, 2016.
Criado-Perez, C.: Unsichtbare Frauen. Wie eine von Daten beherrschte Welt die Hälfte der Bevölkerung ignoriert. Btb Verlag, 2020.
Crouch, C.: Postdemokratie. Suhrkamp Verlag, 2008.
Dangschat, J.: Armut durch Wohlstand. In: Dangschat, J. (Hrsg.): Modernisierte Stadt – gespaltene Gesellschaft. Ursachen von Armut und sozialer Ausgrenzung. Leske + Budrich, S. 13–41, 1999.
Dangschat, J.: Soziologische Stadtforschung, Sonderheft 23. Kölner Zeitschriftfür Soziologie und Sozialpsychologie, S. 272–292, 1988.
Dangschat, J.; Alisch, M.: Perspektiven der soziologischen Segregationsforschung. In: May, M.; Alisch, M. (Hrsg.): Formen sozialräumlicher Segregation. Verlag Barbara Budrich, S. 23–50, 2012.
Degen, H. J.; Knoblauch, J.: Anarchismus. Eine Einführung. Schmetterling Verlag, 5. Auflage, 2019.
Dejure.org: Raumordnungsgesetz, https://dejure.org/gesetze/ROG/2.html, 2021 (Abruf 19.01.2021).
Destatis Statistisches Bundesamt: Einkommen, Einnahmen, Ausgaben. Einkommens- und Verbrauchsstichprobe. www.destatis.de/DE/Themen/Gesellschaft-Umwelt/Einkommen-Konsum-Lebensbedingungen/Einkommen-Einnahmen-Ausgaben/Methoden/einkommens-verbrauchsstichprobe.html, 2021a (Abruf 31.03.2021).
Destatis Statistisches Bundesamt: Monatliche Ausgaben privater Haushalte in Deutschland für Wohnen, Energie und Wohnungsinstandhaltung von 2007 bis 2019. https://de.statista.com/statistik/daten/studie/380448/umfrage/monatliche-wohnkosten-privater-haushalte-in-deutschland/, 2021b (Abruf 24.02.2021).
Destatis Statistisches Bundesamt: Zahl der Empfängerinnen und Empfänger sozialer Mindestsicherung 2019 um 4,7 % gesunken. www.destatis.de/DE/Presse/Pressemitteilungen/2020/10/PD20_434_228.html, 2020 (Abruf 18.02.2021).
Die Armutskonferenz: Was allen gehört. Commons – Neue Perspektiven in der Armutsbekämpfung. Verlag des Österreichischen Gewerkschaftsbundes, 2013.
Dietz, B.: Armut in Deutschland. In: Mattes, C. (Hrsg.): Wege aus der Armut. Strategien der Sozialen Arbeit. Lambertus Verlag, S. 13–28, 2010a.
Dietz, B.: Armut und Gesundheit. In: Mattes, C. (Hrsg.): Wege aus der Armut. Strategien der Sozialen Arbeit. Lambertus Verlag, S. 65–73, 2010b.
Dietz, B.: Soziologie der Armut. Campus Verlag, 1997.
Dimmel, N.: Zur moralischen Ökonomie sozial randständiger Lebensformen. In: Dimmel, N.; Heitzmann, K.; Schenk, M. (Hrsg.): Handbuch Armut in Österreich. Studienverlag, S. 332–345, 2009.

Dingeldey, I.: Bilanz und Perspektiven des aktivierenden Wohlfahrtsstaates. In: Bundeszentrale für politische Bildung: Oben – Mitte – Unten. Zur Vermessung der Gesellschaft, S. 268–280, 2015.

Dittmann, J.; Goebel, J.: Armutskonzepte. In: Böhnke, P.; Dittmann, J.; Goebel, J. (Hrsg.): Handbuch Armut. Verlag Barbara Budrich, S. 21–34, 2018.

Dittmann, J.; Drilling, M.: Armut und Wohnungslosigkeit. In: Böhnke, P.; Dittmann, J.; Goebel, J. (Hrsg.): Handbuch Armut. Verlag Barbara Budrich, S. 282–293, 2018.

DIW Deutsches Institut für Wirtschaftsforschung: Forschungsbasierte Infrastruktureinrichtung ‚Sozio-oekonomisches Panel (SOEP)'. www.diw.de/soep, 2021.

Dörre, K.; Schickert C.: Neosozialismus. Oekom Verlag, 2019.

EC European Commission: Methodological Guidelines and Description of EU-SILC Target Variables, 2020.

ECDC European Centre for Disease Prevention and Control: COVID-19 pandemic. www.ecdc.europa.eu/en, 2021 (Abruf 16.03.2021).

Eggen, B.: Anmerkungen zur Messung von Armut. Sozialer Fortschritt, 12/2013, S. 307–311.

Eiffe, F.: Konzepte der Armut im europäischen Kontext: ein geschichtlicher Überblick. In: Dimmel, N.; Heitzmann, K.; Schenk, M. (Hrsg.): Handbuch Armut in Österreich. Studien Verlag, S. 67–90, 2009.

Europäische Kommission: Neue Kohäsionspolitik. https://ec.europa.eu/regional_policy/de/2021_2027/, 2021a (Abruf 22.03.2021).

Europäische Kommission: Europäischer Sozialfonds. https://ec.europa.eu/regional_policy/de/funding/social-fund/, 2021b (Abruf 22.03.2021).

Eurostat: Persistent at-risk-of poverty rate. EU-SILC survey. https://ec.europa.eu/eurostat/web/products-datasets/product?code=tessi020, 2021 (Abruf 16.02.2021).

Eurostat: Statistiken zur Einkommensarmut. https://ec.europa.eu/eurostat/statistics-explained/index.php?title=Income_poverty_statistics/de&oldid=507716, 2020 (Abruf 16.02.2021).

Eurostat: Purchasing Power Parities – Overview. https://ec.europa.eu/eurostat/web/purchasing-power-parities/overview, 2012 (Abruf 17.02.2021).

Fainstein, S.: The Just City. Cornell University Press, 2010.

Feldmann, E.: Flüchtiges Glück. Reportagen aus der Zwischenkriegszeit. Edition Atelier Wien, 2018.

Fischer, K., Grandner, M. (Hrsg.): Globale Ungleichheit. Über Zusammenhänge von Kolonialismus, Arbeitsverhältnissen und Naturverbrauch. Mandelbaum Verlag, 2019.

Forst, R.: Gerechtigkeit. Was sonst? In: Die Zeit, Nr. 7, S. 51, 2021.

Friedrichs, J., Blasius, J.: Leben in benachteiligten Wohngebieten. Leske + Budrich, 2000.

Fritsch, N.-S.; Verwiebe, R.: Armut in Europa. In: Böhnke, P.; Dittmann, J.; Goebel, J. (Hrsg.): Handbuch Armut. Verlag Barbara Budrich, S. 79–89, 2018.

Geremek, B.: Geschichte der Armut. Artemis Verlag, 1988.

Gertenbach, L.; Laux, H.; Rosa, H.; Strecker, D.: Theorien der Gemeinschaft zur Einführung. Junius Verlag, 2010.

Gerull, S.: »Unangenehm«, »arbeitsscheu«, »asozial«. Zur Ausgrenzung von wohnungslosen Menschen. In: Bundeszentrale für politische Bildung: Gesucht! Gefunden? Alte und neue Wohnungsfragen, S. 217–229, 2019 [2018].

Gerull, S.: Wohnungslosigkeit in Deutschland. In: Bundeszentrale für politische Bildung: Oben – Mitte – Unten. Zur Vermessung der Gesellschaft, S. 306–316, 2015 [2014].

Glass, R.: London. Aspects of Change. Centre for Urban Studies UCL (ed.), 1964.

Goebel, J.; Krause, P.: Auswirkungen der Coronapandemie nach Einkommens- und Bevölkerungsschichtung – eine Momentaufnahme. In: Datenreport 2021. Ein Sozialbericht für die Bundesrepublik Deutschland. Herausgegeben von Bundeszentrale für politische Bildung, Statistisches Bundesamt (Destatis), Wissenschaftszentrum Berlin für Sozialforschung und Bundesinstitut für Bevölkerungsforschung, S. 490–503, 2021.

Häußermann, H.; Kronauer, M.; Siebel, W.: Stadt am Rand: Armut und Ausgrenzung. In: Häußermann, H.; Kronauer, M.; Siebel, W. (Hrsg.): An den Rändern der Städte. Suhrkamp, S. 7–40, 2004.

Hard, G.: Auf der Suche nach dem verlorenen Raum, 1987. Abgedruckt in: Hard, G.: Landschaft und Raum. Aufsätze zur Theorie der Geographie, Band 1, S. 211–233, 2002.

Harvey, D.: Social Justice and the City. Revised Edition. The University of Georgia Press, 2009 [Original 1973].

Harvey, D.: Globalization and the "Spatial Fix". Geographische Revue, Jg. 3, Heft 2, S. 23–30, 2001.

Haverkamp, F.: Gesundheitliche Ungleichheit und neue Morbidität. In: Huster, E.-J.; Boeckh, J.; Mogge-Grotjahn, H. (Hrsg.): Handbuch Armut und soziale Ausgrenzung, 3. Aufl., Springer VS, S. 479–502, 2018.

Helbrecht, I.: Gentrifizierung in Berlin. Verdrängungsprozesse und Bleibestrategien. Transcript Verlag, 2016.

Helfrich, S.: Commoning als Strategie der Armutsvermeidung. In: Die Armutskonferenz (Hrsg.): Was allen gehört. Commons – Neue Perspektiven in der Armutsbekämpfung. Verlag des Österreichischen Gewerkschaftsbundes, S. 27–44, 2013.

Henkel, A. (Hrsg.): 10 Minuten Soziologie. Materialität. Transcript Verlag, 2018.

Hensel, F. J.: Altersarmut wirksam bekämpfen. Pro Alter, Heft 3, S. 11–13, 2016.

Hillringhaus, T.; Peichl, A.: Die Messung von Armut unter Berücksichtigung regional divergierender Lebenshaltungskosten und öffentlicher Leistungen. Discussion Paper No. 5344 des Forschungsinstituts zur Zukunft der Arbeit, Köln, 2010.

Hoebel, J.; Michalski, N.; Wachtler, B.; Müters, S.: Soziale Unterschiede im COVID-19-Risiko am Anfang der Pandemie. In: Datenreport 2021. Ein Sozialbericht für die Bundesrepublik Deutschland. Herausgegeben von Bundeszentrale für politische Bildung, Statistisches Bundesamt (Destatis), Wissenschaftszentrum Berlin für Sozialforschung und Bundesinstitut für Bevölkerungsforschung, S. 500–501, 2021.

Hölzl & Hubner Immobilien GmbH. Der Salzburger Immobilienmarkt 2019. www.hh-immo.at/presse.html, 2019 (Abruf 23.7.2019).

Hoffmann-Axthelm, D.: Lokaldemokratie und Europäisches Haus. Transcript Verlag, 2016.

Holm, A.: Wiederkehr der Wohnungsfrage. Aus Politik und Zeitgeschichte, Band 10413: Gesucht! Gefunden? Alte und neue Wohnungsfragen. Bundeszentrale für Politische Bildung, S. 98–111, 2019.

Holm, A.: Mietenwahnsinn. Warum Wohnen immer teurer wird und wer davon profitiert. Knaur Verlag, 2014.

Holz, G.: Kinderarmut und familienbezogene soziale Dienstleistungen. In: Huster, E.-J.; Boeckh, J.; Mogge-Grotjahn, H. (Hrsg.): Handbuch Armut und soziale Ausgrenzung, 3. Aufl., Springer VS, S. 687–716, 2018.

Housing-First-Fonds: Für Wohnungslose ein Zuhause. www.housingfirstfonds.de, 2018 (Abruf 14.03.2021).

Hradil, S.: Soziale Ungleichheit in Deutschland. Leske + Budrich, 2001.

Hübenthal, M.: Armut in der Kindheit. In: Böhnke, P.; Dittmann, J.; Goebel, J. (Hrsg.): Handbuch Armut. Verlag Barbara Budrich, S. 107–119, 2018.

Huster, E.-U.: Von der mittelalterlichen Armenfürsorge zur sozialen Dienstleistung: Ausdifferenzierung und Integration. In: Huster, E.-U.; Boeckh, J.; Mogge-Grotjahn (Hrsg.): Handbuch Armut und soziale Ausgrenzung. 3. Aufl., Springer VS, S. 341–366, 2018.

Huster, E.-U.; Boeckh, J.; Mogge-Grotjahn (Hrsg.): Handbuch Armut und soziale Ausgrenzung. 3. Aufl., Springer VS, 2018.

IÖR Leibniz-Institut für ökologische Raumentwicklung: Monitor der Siedlungs- und Freiraumentwicklung. www.ioer-monitor.de, 2020 (Abruf 22.12.2020).

Janßen, A.; Bohr, J.: Armut und Migration. In: Böhnke, P.; Dittmann, J; Goebel J.: Handbuch Armut. Verlag Barbara Budrich, S. 154–165, 2018.

Jensen, I.: Wohnraum als soziale Infrastruktur. Ansätze zur (Re-)Kommunalisierung von Wohnraum betrachtet am Beispiel Berlin. In: Schönig, B.; Vollmer, L. (Hg.): Wohnungsfragen ohne Ende. Ressourcen für eine soziale Wohnraumversorgung. Transcript Verlag, S. 147–162, 2020.

Kaltenbrunner, R.; Schnur, O.: Kommodifizierung der Quartiersentwicklung. Zur Vermarktung neuer Wohnquartiere als Lifestyle-Produkte. Informationen zur Raumentwicklung, Heft 4.2014, S. 373–382, 2014.

Klinenberg, E.: Palaces for the People. How social infrastructure can help fight in-equality, polarization, and the decline of civic life. Crown Publishing, 2018.

Klüter, H.: Raum als Element sozialer Kommunikation. Selbstverlag des Geographischen Instituts der Justus Liebig-Universität Giessen, 1986.

Knight, B.: Rethinking Poverty. What makes a good society? Policy Press, 2017.

Kockläuner, G.: Methoden der Armutsmessung. Logos Verlag, 2012.

Kohlrausch, B.: Armut und Bildung. In: Böhnke, P.; Dittmann, J.; Goebel, J. (Hrsg.): Handbuch Armut. Verlag Barbara Budrich, S. 177–188, 2018.

Kovce, P.; Priddat, B. P. (Hrsg.): Bedingungsloses Grundeinkommen. Grundlagentexte. Suhrkamp Verlag, 2019.

Krätke, S.: Stadt, Raum, Ökonomie. Einführung in aktuelle Problemfelder der Stadtökonomie und Wirtschaftsgeographie. Birkhäuser, 1995.

Kricheldorff, C.: Armut im Alter. In: Mattes, C. (Hrsg.): Wege aus der Armut. Strategien der Sozialen Arbeit. Lambertus Verlag, S. 75–84, 2010.

Kronauer, M.; Vogel, B.: Erfahrung und Bewältigung von sozialer Ausgrenzung in der Großstadt: Was sind Quartierseffekte, was Lageeffekte? In: Häußermann, H.; Kronauer, M.; Siebel, W. (Hrsg.): An den Rändern der Städte. Suhrkamp Verlag, 2004.

Küblböck, K.: Das Finanzsystem als öffentliches Gut. In: Die Armutskonferenz (Hrsg.): Was allen gehört. Commons – Neue Perspektiven in der Armutsbekämpfung. Verlag des Österreichischen Gewerkschaftsbundes, S. 93–102, 2013.

Kümpers, S.; Alisch, M.: Altern und Soziale Ungleichheiten: Teilhabechancen und Ausgrenzungsrisiken. In: Huster, E.-J.; Boeckh, J.; Mogge-Grotjahn, H. (Hrsg.): Handbuch Armut und soziale Ausgrenzung, 3. Aufl., Springer VS, S. 597–618, 2018.

Kuhlmann, C.: Bildungsarmut und die soziale ‚Vererbung' von Ungleichheiten. In: Huster, E.-J.; Boeckh, J.; Mogge-Grotjahn, H. (Hrsg.): Handbuch Armut und soziale Ausgrenzung, 3. Aufl., Springer VS, S. 431–456, 2018.

Lamei, N.; Till-Tentschert, U.: Messung von Armutsgefährdung und Deprivation. In: Statistik Austria, Statistische Nachrichten 4/2005, S. 349–359, 2005.

Lampert, T.: Armut, soziale Ungleichheit und Gesundheit. In: Böhnke, P.; Dittmann, J.; Goebel, J. (Hrsg.): Handbuch Armut. Verlag Barbara Budrich, S. 225–234, 2018.
Landau, K.: Messung der Vulnerabilität der Armut. Cuvillier Verlag, 2012.
Laskus, M.: Hotel statt Straße. In: Die Zeit, Nr. 7, S. 24, 2021.
Lepenies, P.: Armut. C. H. Beck, 2017.
Lessenich, S.: Neben uns die Sintflut. Wie wir auf Kosten anderer leben. Piper Verlag, 2018.
Lessenich, S.: Grenzen der Demokratie. Teilhabe als Verteilungsproblem. Reclam Verlag, 2019.
Leßmann, O.: Konzeption und Erfassung von Armut. Verglich des Lebenslagen-Ansatzes mit Sens „Capability"-Ansatz. Duncker & Humblot, 2009.
Lichtenberg, C.: Das Erbbaurecht als Beitrag zu mehr bezahlbarem Wohnraum. Learning from Amsterdam? In: Schönig, B.; Vollmer, L. (Hg.): Wohnungsfragen ohne Ende. Ressourcen für eine soziale Wohnraumversorgung. Transcript Verlag, S. 69–80, 2020.
Liessmann, K. P.: Bildung als Provokation. Paul Zsolnay Verlag, 2017.
Liessmann, K. P.: Lob der Grenze. Paul Zsolnay Verlag, 2012.
Litschel, V.: Gemeinschaftliche Sozialpolitik in der Europäischen Union und die Nationalen Aktionspläne gegen Armut und soziale Ausgrenzung. In: Dimmel, N.; Heitzmann, K.; Schenk, M. (Hrsg.): Handbuch Armut in Österreich. Studien Verlag, S. 610–625, 2009.
Löw, M.: Raumsoziologie. Suhrkamp Verlag, 2001.
Marcuse, P.; Connolly, J.; Novy, J.; Olivo, I.; Potter, C.; Steil, J.: Searching for the Just City. Routledge, 2009.
Massey, D.: A Global Sense of Place. In: Escher, A; Petermann, S. (Hrsg.): Raum und Ort. Franz Steiner Verlag, S. 191–199, 2016.
Mau, S.: Das metrische Wir. Über die Quantifizierung des Sozialen. Suhrkamp Verlag, 2017.
Mayer-Tasch, P. C.: Die Bürgerinitiativbewegung. Rowohlt, 1977.
Mayr, A.: Die Elenden. Carl Hanser Verlag, 2020.
Mietshäuser Syndikat (2021): Mietshäuser Syndikat. www.syndikat.org/de/, (Abruf 31.03.2021).
Milanović, B.: Die ungleiche Welt. Suhrkamp Verlag, 2016.
Mogge-Grotjahn, H.: Geschlecht: Wege in die und aus der Armut. Huster, E.-J.; Boeckh, J.; Mogge-Grotjahn, H. (Hrsg.): Handbuch Armut und soziale Ausgrenzung, 3. Aufl., Springer VS, S. 523–537, 2018.

Münch, R.: Mehr Bildung, größere Ungleichheit. Ein Dilemma der Aktivierungspolitik. In: Mau, S.; Schöneck, N. M. (Hrsg.): (Un-)Gerechte (Un-)Gleichheiten. Suhrkamp Verlag, S. 65–73, 2015.

Nullmeier, F.: Sozialstaat. In: Bundeszentrale für Politische Bildung (bpb), www.bpb.de/nachschlagen/lexika/handwoerterbuch-politisches-system/202107/sozialstaat, 2013 (Abruf 18.02.2021).

OECD: Better Life Index. www.oecdbetterlifeindex.org/de/, 2020a (Abruf 21.12.2020).

OECD: Better Life Initiative: Measuring Well-Being and Progress. www.oecd.org/statistics/better-life-initiative.htm, 2020b (Abruf 21.12.2020).

Offe, C.: Das bedingungslose Grundeinkommen als Antwort auf die Krise von Arbeitsmarkt und Sozialstaat. In: Kovce, P.; Priddat, B. P. (Hrsg.): Bedingungsloses Grundeinkommen. Grundlagentexte. Suhrkamp Verlag, S. 454–480, 2019.

Openshaw, S.: The modifiable areal unit problem. In: Wrigley, N. & Bennett, R. J. (eds.): Quantitative Geography: A British View, p. 60–69, 1981.

OPHI Oxford Poverty and Human Development Initiative: Alkire-Foster Method, https://ophi.org.uk/research/multidimensional-pov, 2021 (Abruf 04.01.2021).

Oschmiansky, F.; Berthold, J.: Wohlfahrtsstaatliche Grundmodelle. In: Bundeszentrale für Politische Bildung (bpb), www.bpb.de/politik/innenpolitik/arbeitsmarktpolitik/305930/wohlfahrtsstaatliche-grundmodelle, 2020 (Abruf 18.02.2021).

Pätzold, R.: Gemeinschaftliche Wohnformen. In: Bundeszentrale für politische Bildung: Gesucht! Gefunden? Alte und neue Wohnungsfragen, S. 175–187, 2019 [2018].

Pham-Truffert, M.; Rueff, H.; Messerli, P.: Knowledge for Sustainable Development: Interactive repository of SDG interactions. CDEdatablog, https://datablog.cde.unibe.ch/index.php/2019/08/29/sdg-interactions/, 2019 (Abruf 22.12.2020).

Plettenbacher, T.: Neues Geld, Neue Welt. Planet Verlag, 12. Auflage, 2011.

P.M.: bolo'bolo. Paranoia City Verlag, 2015 [Originalfassung 1983].

Popper-Lynkeus, J.: Die allgemeine Nährpflicht als Lösung der sozialen Frage. In: Kovce, P.; Priddat, B. P. (Hrsg.): Bedingungsloses Grundeinkommen. Grundlagentexte. Suhrkamp Verlag, S. 177–206, 2019 [erstmals 1912 erschienen].

Presse- und Informationsamt der Bundesregierung: Deutsche Nachhaltigkeitsstrategie, Druck- und Verlagshaus Zarbock, 2018.

Rau, R.; Schmertmann, C.P.: Lebenserwartung auf Kreisebene in Deutschland. Deutsches Ärzteblatt, Jg. 117, Heft 29–30, 20. Juli 2020, S. 493–499 (plus 12 Seiten Anhang).

Rau, S.: Räume. Campus Verlag, 2013.

Rawls, J.: Eine Theorie der Gerechtigkeit. Suhrkamp Verlag, 1975.

Reckwitz, A.: Die Gesellschaft der Singularitäten. Suhrkamp Verlag, 2017.

Reitter, K.: Bedingungsloses Grundeinkommen. Mandelbaum Verlag, 2012.

Rippin, N.: Verteilungsgerechtigkeit in der Armutsmessung. In: Bundeszentrale für politische Bildung: Oben – Mitte – Unten. Zur Vermessung der Gesellschaft, S. 293–305, 2015.

Ronneberger, K.; Lanz, S.; Jahn, W.: Die Stadt als Beute. Dietz, 1999.

Rosa, H.: Verstrickt im Steigerungsspiel: Wie der Kampf gegen Ungleichheit diese reproduziert. In: Mau, S.; Schöneck, N. M. (Hrsg.): (Un-)Gerechte (Un-)Gleichheiten. Suhrkamp Verlag, S. 27–35, 2015.

Rosanvallon, P.: Die Gesellschaft der Gleichen. Hamburger Edition Verlag des Hamburger Instituts für Sozialforschung, 2013.

Sachs, J.D.; Kroll, C.; Lafortune, G.; Fuller, G.; Woelm, F.: Sustainable Development Report 2021. The Decade of Action for the Sustainable Development Goals. Cambridge University Press, 2021.

Schmidhuber, M.: Ist Martha Nussbaums Konzeption des guten Lebens interkulturell brauchbar? In: polylog 23, S. 101–113, 2010.

Schönig, B.; Vollmer, L. (Hg.): Wohnungsfragen ohne Ende. Ressourcen für eine soziale Wohnraumversorgung. Transcript Verlag, 2020.

Scholz, F.: Die Theorie der 'fragmentierenden Entwicklung'. Geographische Rundschau, Jg. 54, Nr. 10, S. 6–11, 2002.

Schulz-Nieswandt, F.: Altersarmut – mehr als eine Frage der Einkommensarmut. Pro Alter, Heft 3, S. 27–29, 2016.

Schwinn, T.: Soziale Ungleichheit. Transcript Verlag, 2007.

SDG Watch Austria: Über die SDGs, www.sdgwatch.at/de/, 2020 (Abruf 22.12.2020).

SDSN and IEEP: The 2020 Europe Sustainable Development Report: Meeting the Sustainable Development Goals in the face of the COVID-19 pandemic. Sustainable Development Solutions Network and Institute for European Environmental Policy. Paris and Brussels, 2020.

Sedmak, C.: Armutsbekämpfung. Böhlau Verlag, 2013.

Sen, A.: Gleichheit? Welche Gleichheit? Reclam Verlag, 2019.

Sen, A.: The Idea of Justice. Penguin Books, 2009.

Sen, A.: Poverty: An Ordinal Approach to Measurement. Econometrica 44, S. 219–231, 1976.

Sennett, R.: The Uses of Disorder. Personal Identity and City Life. Norton Paperback, 1970.

Shah, N.: Europäische Union und der soziale Wohnbau – ein Spannungsverhältnis?! In: Club of Vienna (Hrsg.): Brennpunkt Wohnbau. Mandelbaum Verlag, S. 9–28, 2019.

Simmel, G.: Der Arme. Mimesis Verlag, 2019 [1906].

Smigiel, C.; Koch, A.: Formen von Urbanität in der kapitalistischen Moderne und ihre Effekte. polylog Nr. 39, 2018, S. 19–33.

Smith, N.: Toward a Theory of Gentrification. A Back to the City Movement by Capital, not People. Journal of the American Planning Association, 45:4, p. 538–548, 1979a.

Smith, N.: Gentrification and Capital: Practice and Ideology in Society Hill. Antipode, Vol. 11, No. 3, p. 24–35, 1979b.

Sozialpolitik-aktuell.de: Soziale Sicherung, Grundsicherung, Sozialversicherung. www.sozialpolitik-aktuell.de/sozialstaat-datensammlung.html, 2021 (Abruf 18.02.2021).

Spellerberg, A.; Giehl, C.: Armut und Wohnen. In: Böhnke, P.; Dittmann, J.; Goebel, J. (Hrsg.): Handbuch Armut. Verlag Barbara Budrich, S. 270–281, 2018.

Stadt Salzburg: Gebäude, Wohnungen & Grundstückspreise 2017. www.stadt-salzburg.at/pdf/gebaeude__wohnungen_und_grundstueckspreise_2017.pdf, 2019 (Abruf 17.07.2019).

Statistik Austria: Regionalstatistische Rastereinheiten. www.statistik.at/web_de/klassifikationen/regionale_gliederungen/regionalstatistische_rastereinheiten/index.html, 2020a (Abruf 22.12.2020).

Statistik Austria: Armuts- oder Ausgrenzungsgefährdung. www.statistik.at/web_de/statistiken/menschen_und_gesellschaft/soziales/gender-statistik/armutsgefaehrdung, 2020b (Abruf 17.02.2021).

Statistik Austria: Armut und soziale Eingliederung. www.statistik.at/web_de/statistiken/menschen_und_gesellschaft/soziales/armut_und_soziale_eingliederung/index.html, 2020c (Abruf 18.02.2021).

Straubhaar, T.: Radikal gerecht. Wie das Bedingungslose Grundeinkommen den Sozialstaat revolutioniert. Edition Körber Stiftung, 2017.

Sussebach, H.: Geboren in Deutschland Lebenserwartung: 81,2 Jahre. Geboren in Deutschland Lebenserwartung: 75,8 Jahre. Die Zeit, Nr. 45, 29.10.2020, S. 15–17.

Till, M.: Messung von registrierter Wohnungslosigkeit. Statistik Austria. https://bawo.at/101/wp-content/uploads/2019/10/20190329_Till_Messung_von_registrierter_WLK.pdf, 2019, (Abruf 18.01.2021).

UniNEtZ Universitäten und Nachhaltige Entwicklungsziele: Universitäten und Nachhaltige Entwicklungsziele. www.uninetz.at, 2021 (Abruf 31.03.2021).

Hinweis zu verwendeten UN-Quellen (Texte und Abbildungen): The content of this publication has not been approved by the United Nations and does not reflect the views of the United Nations or its officials or Member States.

UN United Nations: The 17 Goals. https://sdgs.un.org/goals, 2020a (Abruf 22.12.2020)

UN United Nations: SDG Monitoring and Reporting Toolkit for UN Country Teams, https://unstats.un.org/sdgs/unct-toolkit/, 2020b (Abruf 22.12.2020).

UN United Nations: Global Sustainable Development Report 2019: The Future is Now – Science for Achieving Sustainable Development. Independent Group of Scientists appointed by the Secretary-General, https://sustainabledevelopment.un.org/content/documents/24797GSDR_report_2019.pdf, 2019 (Abruf 22.12.2020).

UNDP United Nations Development Programme: Human Development Reports. http://hdr.undp.org/en/content/human-development-index-hdi, 2020 (Abruf 29.12.2020).

Universitäten und nachhaltige Entwicklungsziele (UniNEtZ): www.uninetz.at, 2020, (Abruf 22.12.2020).

UNRIC – Regionales Informationszentrum der Vereinten Nationen. https://unric.org/de/unric/, 2021, (Abruf 30.09.2021).

Van der Loo, H.; van Reijen, W.: Modernisierung. Projekt und Paradox. Deutscher Taschenbuch Verlag, 1992.

Vobruba, G.: Die Entflechtung von Arbeit und Essen. Lohnarbeitszentrierte Sozialpolitik und garantiertes Grundeinkommen. In: Kovce, P.; Priddat, B. P. (Hrsg.): Bedingungsloses Grundeinkommen. Grundlagentexte. Suhrkamp Verlag, S. 338–355, 2019 [erstmals 1986 erschienen].

Vogel, C.; Künemund, H.: Armut im Alter. In: Böhnke, P.; Dittmann, J; Goebel J.: Handbuch Armut. Verlag Barbara Budrich, S. 144–153, 2018.

Vollmer, L.: Strategien gegen Gentrifizierung. Schmetterling Verlag, 2018.

Von Schirach, F.: Jeder Mensch. Luchterhand Literaturverlag, 2021.

Voß, E.: Gemeinsam wohnen und arbeiten – Kommunen und andere selbstorganisierte Lebensgemeinschaften. In: Degen, H. J.; Knoblauch, J.: Anarchismus 2.0. Schmetterling Verlag, S. 195–223, 2009.

Wehler, H.-U.: Die neue Umverteilung. Soziale Ungleichheit in Deutschland. C.H. Beck, 2013.

Welzer, H.: Selbst denken. Eine Anleitung zum Widerstand. Fischer Taschenbuch, 2014.

Werlen, B.: Gesellschaftliche Räumlichkeit 2. Konstruktion geographischer Wirklichkeiten. Franz Steiner Verlag, 2010.

WID.world: World Inequality Database. https://wid.world, 2021 (Abruf 31.03.2021).

Wimmer, A., Glick Schiller, N.: Methodological nationalism and beyond: nation-state building, migration and the social sciences. Global Networks 2, 4, p. 301–334, 2002.

World Bank Group: Poverty and Shared Prosperity 2020: Reversals of Fortune, 2020.

Worldmapper.org 2021: Worldmapper. https://worldmapper.org/maps/?_sft_product_cat=poverty (Abruf 31.03.2021)

Wo sich welches Stichwort befindet

Abbildungsverzeichnis

Tabellenverzeichnis